中国顶级私募访谈录

探秘明星私募的掘金之道

好买基金研究中心　编著

“

呈现中国近20年基金史上

极具力量和特色的10位私募基金经理

业绩背后的另一面

见其长

亦识其边界

淡水泉　兴聚投资　中欧瑞博　高毅资产　汉和资本　望正资本　重阳投资　世诚投资　丰岭资本　泰旸资产

图书在版编目（CIP）数据

中国顶级私募访谈录/好买基金研究中心编著. —上海：上海交通大学出版社，2019（2022 重印）

ISBN 978-7-313-21092-0

Ⅰ. ①中… Ⅱ. ①好… Ⅲ. ①股权—投资基金—经理—访问记—中国—现代 Ⅳ. ①K825.34

中国版本图书馆 CIP 数据核字（2019）第 055265 号

中国顶级私募访谈录

编　　著：好买基金研究中心

出版发行：上海交通大学出版社　　地　　址：上海市番禺路 951 号

邮政编码：200030　　电　　话：021-64071208

印　　制：苏州市越洋印刷有限公司　　经　　销：全国新华书店

开　　本：710mm×1000mm　1/16　　印　　张：20.25

字　　数：236 千字

版　　次：2019 年 4 月第 1 版　　印　　次：2022 年 7 月第 13 次印刷

书　　号：ISBN 978-7-313-21092-0

定　　价：78.00 元

序 言

PREFACE

心有猛虎，细嗅蔷薇

——以终为始，做一些慢的、艰难的，但长久的事

2001 年，中国第一只开放式基金“华安创新”发行，我当时在华安负责此事。那时候买基金要先排队领取预约认购号，然后再进行办卡缴款认购，我看到很多投资者夜里就开始排队抢购，盛况空前。7 年内，中国公募基金行业从 0 走到了 3.3 万亿元①。2007 年，我离开公募，和几位伙伴创建了独立第三方财富管理公司——好买财富。当年，赵军管理的淡水泉刚起步，11 年后，中国证券私募基金的管理规模从 0 做到了 2.2 万亿元②，淡水泉也成为少数几家能把规模稳定在 500 亿元之上的证券私募之一。

中国证券私募基金行业的生命力无疑是蓬勃的，虽然它的规模已经历

---

① 数据来源：Wind。

② 数据来源：中国证券投资基金业协会。

了过往10多年的高速增长。而且，美国证券交易委员会发布的统计报告显示，截至2017年第四季度，美国私募管理规模达12.54万亿美元。而2018年底时，中国私募规模为12.8万亿元人民币，其中证券私募仅约2.2万亿元人民币[①]。相比中国投资人耳熟能详的巴菲特的伯克希尔·哈撒韦的4 800多亿美元管理规模，中国还很小，能在近几年维持住300亿元人民币规模以上的证券私募用一只手就能数完。

看规模空间，中国基金业未来的生命力是强悍的、波澜壮阔的。

但规模不应该是目标。这10年，私募行业中很多规模扩张过于迅速的公司，“眼见他起高楼，眼见他宴宾客，眼见他楼塌了”。随着从业者的成熟和投资人的成熟，私募的价值，已不在于规模，而在于创新高的能力。“无新高，不生存”，这是私募江湖的法则。私募创新高的能力从哪里来?

最重要的是私募基金强大的兼容并蓄、自我更新能力。相比其他证券产品，私募看上去最不讲究门槛。这里有的是公募大家，集结了近400位曾经的公募基金经理，也有的是草莽英雄；有王亚伟、王晓明、杨东、陈光明等20年深耕股票者，也有元盛、凯丰等一直在商品市场出没的专注于管理期货策略的基金；有一直在国内发展的，也有国外归来的；有寂寂无名的创业者，也有2018年规模超6万亿美元的巨擘贝莱德。在这样一个多物种的充分竞争的江湖里，多空仓、市场中性、宏观对冲、管理期货、量

---

① 数据来源：中国证券投资基金业协会。

化、大数据、机器学习，一切有可能创新高的策略和方法都可以被探索、被运用、被发展。成功者众，失败者更众。

从这个角度讲，私募其实最讲究门槛：创不出新高，则不论是什么出身，无论过往业绩如何，都无法长期生存。因此，私募基金从业者们都是脆弱的、惶恐的。这 20 年来，我和我的团队见了几百位基金经理，在上海民生路、浦东嘉里中心，在北京金融街，在深圳荣超经贸中心、新世界中心。很多基金经理我们见了一面、两面、十面、二十面。我们不断考问他们，也考问自己：“私募基金行业应该怎样发展才能基业长青？一个能在未来给投资人赚钱的基金经理是什么样？”

“心有猛虎，细嗅蔷薇”，用这句话来形容在创新高的路上如履薄冰的基金经理们，可能再合适不过了。王鹏辉说：“所有策略和规则的目标只有一个，就是希望净值上涨，让客户赚钱。”陈光明说：“要有点行业情怀，要和客户站在一起，要关注结果，也要照顾途中的净值给投资者带来的感受。”

我希望我们不再用年度排名前 10、前 20 来定位一只私募基金；我希望我们不再用规模来衡量一个私募基金公司的价值；我希望我们把短期的看法、注意力、空间让出来，给到长期；我希望我们这个行业能蓬勃生长，是因为有一些基金经理，有一些从业机构，基于热爱，基于“卖者尽责”，能够以终为始，去做一些慢的、艰难的，但长久的事。

这本书的编撰者是好买的基金研究团队，从想法到完稿用了近 6 个月时间，团队在私募基金筛选上耕耘了 10 多年，二者相加，希望我们能为读者呈现在中国近20年基金历史上，极具力量和特色的10位私募股票型基金经理。

不仅见业绩，更见到他们业绩背后的另一面，了解他们，学习他们，见其长，也识其边界。

独行者速，众行者远。期待和这个行业，和读者们，共同分享这些点滴感悟，并期待大家的指正。

此外，要感谢我们的写作和编辑团队，他们是曾令华、施丹锋、孙超、梅慧娟、张慧宇、王婷婷、徐雪颖和金琦。感谢他们的策划、写作和编辑，没有他们日以继夜的努力，就没有这本书的出版。

是为序。

好买财富董事长、 CEO

目录
CONTENTS

2008 年全球经济遭受金融危机的冲击，与赵军见面正是市场低迷时。赵军说，看看历史，这些都会过去。

2018 年再次见到赵军，市场同样低迷，同样信心不足。赵军与我们谈了未来十年淡水泉的方向与愿景。

乐观者成功，淡水泉即是诠释。“淡水泉”是指海水中喷涌一股淡水的泉眼，赵军领导的淡水泉公司，也是私募中的一股清流。

淡水泉　赵军

未来属于乐观主义者

赵军

淡水泉　投资董事长、投资总监

- 南开大学数学学士和金融学硕士。
- 1999 年进入中信证券资产管理部，担任分析师。
- 2000 年进入嘉实基金，历任研究总监、基金丰和基金经理、机构投资总监、总裁助理。
- 2007 年创办淡水泉。

曾问过一些私募基金经理一个问题：比较佩服哪位同行？有一个名字多次被提及——淡水泉赵军。如果有全面客观的数据统计，尽管非常低调，他应该是在各类私募新闻中出现次数较多、媒体关注度排名数一数二的私募基金经理。

2007 年 9 月 6 日，大盘 5300 点高位时，淡水泉第一只产品诞生。11 年后，上证指数还在 2600 点的半山腰徘徊，该产品却早在很多年前就已创出历史新高。犹记得，2008 年市场冰天雪地之时，赵军跟好买研究员说，都会过去的，看好未来资本市场。彼时，淡水泉规模 10 个亿左右，如今，淡水泉规模近 500 亿元，公司人员也从二三十人增加到九十多人。

淡水泉成立 11 年来，外部环境跌宕起伏：2008 年金融危机、2011 年欧债危机、2015 年股灾……投资人或极度悲观或极其振奋。淡水泉短期业绩有时大涨、有时大跌，质疑声、赞许声不曾间断。然而，在市场的涨涨跌跌中，赵军总能坚定地按照选定的投资思路走，屡屡败中取胜。

2018 年 7 月，好买基金研究中心采访赵军时，恰逢 A 股大跌之际，贸易战、去杠杆等事件让人深感不安，赵军依然平和理性。他说：**“我们思考的不是股市会不会继续跌，而是有哪些投资标的未来三年会上新台阶。”**

理性的乐观：从淡水泉时刻说起

“如果把中国比作一家企业，贸易战短期内会降低订单和收入，对公司价值产生负面影响。但是长期来看，在贸易战的压力下中国会加快转型，通过调整经济结构来适应恶劣的环境，最终中国的长期价值会得到提升。”2018 年 7 月的熊市中，淡水泉产品回撤较大，对于投资者都担心的“贸易战风险”，赵军如此说。

熟悉赵军的投资者们可以发现，不管市场跌得多猛烈，每次沟通中他都表现得很乐观。为何呢？不妨先来看一个有趣的现象——淡水泉时刻。

所谓“淡水泉时刻”就是指当淡水泉的产品净值大幅下跌时，往往是加仓买入的好时机。从淡水泉过往的情况看，在产品大幅度调整时买入的投资者通常有不错的收益。像淡水泉成立时间比较久的产品，11 年的时间，历史净值回撤 30%多的情况一共发生过 3 次，分别是 2008 年的 10 月、2015 年的 9 月和 2016 年的 2 月；回撤超过 20%的情况也有 3 次，分别是 2010 年 6 月，2012 年 1 月和 2012 年 12 月。①

而对照 A 股的走势看，淡水泉产品回撤超 30%的 3 个时间里，A 股基本上都处于一个阶段性底部区域当中。2008 年 10 月 29 日，上证指数创出 1664.93 的低点；2015 年 8 月底，股市暴跌之后，砸出了一个短期的底部；2016 年熔断之后，上证指数又创出阶段性低点 2638.30 点。另外，3 次回撤 20%的情形中，上证指数也基本上处于一个相对低位。

不考虑 2018 年最新的回撤，截至 2017 年底，在淡水泉回撤 20%、30%时买入，虽然不是几周或者几个月后就能立马上涨，但是从 3~5 年的时间看，净值一般进入长期上涨通道，创出了新高。这也是为何 2018 年以来（截至 2018 年 8 月 15 日）该产品净值回撤大约 24%的时候，市场对于“淡水泉时刻”再现呼声渐高的原因。②

那么，“淡水泉时刻”大多对应着股市阶段性的底部，这只是一种巧合吗？当然不是，它背后有基本的逻辑支撑：股票价格向内在价值的回归。

---

① 数据来源：好买基金研究中心。

② 数据来源：好买基金研究中心。

在这些价值投资者看好的基础上，市场先生的卖价再低 20%~ 30%，几乎已经是跌无可跌，反转的可能性就比较大。至于说淡水泉产品刚好在跌 20%、30%时会出现反转迹象，则更多是巧合。

逆情绪而行：不从众、不跟随

赵军认为在市场情绪聚集的地方难以寻找到好的投资标的，而在被市场忽视和冷落的地方却有“淘金”的乐趣。也许是性格使然，早在嘉实基金任职时，他就在潜移默化中形成了自己的投资信仰，比如偏好不扎堆的板块，偏好在市场关注度低的方向做研究。

所以你会看到，他和很多投资者鲜明的区别：对于大多数人来说，在识得一些可能导致市场下跌的信号或风险事件时，有的会采取仓位控制的方法，有的则会偏好配置防御型板块。而淡水泉的仓位普遍维持在较高水平，在市场情绪悲观时，其对于看好的个股敢于逆向投资，越跌越兴奋。

有几个鲜明的操作可以说明淡水泉的逆向投资风格。

2007 年在淡水泉成立的初期，当时市场主线主要围绕着金融和地产，赵军反而去提前“埋伏”了造纸、农药等相关板块，这也一定程度上使得其基金在熊市初期抓住了机会并获得了收益。

2008 年 10 月初，A 股已大跌一年之久，淡水泉产品回撤也很大。赵军说：“当大街小巷都在讲‘现金为王’时，我们需要做的就是开始投资。”

2009 年初，金融危机后，大部分行业的盈利都有所下滑，但是通过实地调研，淡水泉团队发现通信设备公司在加班加点生产，表现出抗周期性，因此重仓了相关个股，取得了不错收益。

2015 年 7 月踩踏式行情中，赵军说：“对我们而言，发生这样的流动性危机时，正是逆向投资的好时机，我们不应该恐慌，应该很兴奋。”越跌越兴奋的风格让淡水泉的产品在两次股市异常波动和一次熔断后成功创出新高。

2017 年，市场风格偏好大市值的蓝筹股，淡水泉早期布局的化工、医药等板块个股在其间熠熠生辉，带动了基金净值的上涨。

不从众、不跟随、独立思考，这是淡水泉逆向投资的一大特点。

“当某一类资产被过度追捧，首先可以认为该类资产从长期来看在丧失性价比优势，其次是其对立面的资产肯定是被冷落了。”赵军说，二级市场天然地提供了交易属性，流动性的驱使也使得个股容易受到情绪面的影响，充分利用市场情绪是二级市场投资中非常重要的一环。

为了判断某一类资产的市场情绪是否过热，淡水泉将分析师关注人数、分析报告的数量变化、媒体公开报道的关键词转变、机构投资人的配置程度等作为判断的指标，由此来确定被市场主流情绪忽视的潜力资产。方向一旦确定，赵军就组织集体讨论，最后集中团队力量展开深入研究。

逆向投资不可避免的是，资产在买入后不会立即上涨，有可能还会继续下跌一段时间。对于常年高仓位的淡水泉来说，短期内或许要承受净值波动。不过，怎么才能避免便宜的资产长期更便宜的风险呢？答案是，逆向投资是逆大众情绪，但要顺应行业风口和企业基本面的发展趋势。

不立危墙之下：基本面驱动的灰马投资

不同的基金经理对于好企业的认识并不一样，有人看中盈利长期高速增长的伟大企业，有人看中价格便宜、公司治理好的企业。而在赵军看来，“市场中没有绝对好或者绝对坏的行业和公司，选择什么时候去买这个行业或者这个公司取决于两个因素：市场情绪和基本面”。

他认为，逆向投资就是要去寻找情绪和基本面的预期差。那么，什么样的企业会符合这样的特征？赵军有句经典的选股秘籍：“我寻找的不是市场的白马，也不是市场的黑马，而是市场的灰马。”也就是说，太多人关注的股票和没有历史业绩证明的股票，不是他投资的方向。

那么，赵军寻找的灰马股究竟长什么样子？简单讲，就是那些关注度相对低，但仔细研究发现基本面未来会有提升的公司，比如公司所处的行业开始有了拐点，毛利率开始显著提升。怎么识别灰马股，赵军通常会从能力、动力、预期三个方面进行综合判断。

所谓能力，赵军希望相关的公司已经在所处的行业中证明了自己的能力，而非一夜之间“麻雀变凤凰”的公司。因为往往只有坚持在一个领域持续耕耘才会获得相应的市场地位。

动力则是指公司的治理结构，管理层是否在研发、激励等方面做到了足够的投入。这些在不同行业都会有着不同程度的深远影响。有些公司能力确实不错，但是动力不足，未来会有潜在的风险。

除此之外，结合 FARM 系统，淡水泉也会通过详尽的模型测算来判断企业的盈利预期是否已经反映在其股价之中。综合而言，我们可以发现淡水泉精选出的个股通常主营业务清晰、管理层治理良好，部分子行业也确实在持有 2~ 3 年后成为风口或焦点。

以万华化学为例，这是最近三年淡水泉最被津津乐道的一笔“灰马”交易。 2015 年，万华化学被二级市场认为是一只周期股，因而被大家所“冷落”。赵军及其团队通过研究和实地调研则认为其实际是一只“周期+ 成长股”，其盈利的提升有相当大的空间并且可持续性也很强，因而开始建仓布局。 2015 年上半年，淡水泉出现在万华化学的前十大流通股股东名单中。 2017 年下半年，随着 MDI 涨价，万华化学的股价也随之大幅度提升，备受市场追捧。淡水泉团队则认为， MDI 价格在高位存在一定不确定性且市场情绪也开始上升，因而逐步退出。 2017 年全年万华化学涨幅 76%，成为灰马变白的范本。

“我们构建投资组合的时候，会先考虑下行风险，把企业最坏的情况想到。**淡水泉可能会犯的错误是，持有标的公司的基本面没有达到我们的预期，而不是追高了一个泡沫化的资产。**”赵军说道。

摒弃市场热点，提前“埋伏”一些价值被低估的股票，逆向投资策略本身提供了一定的安全边际。不过，买灰马通常意味着坚守冷门股，这需要极强的忍耐力。更为重要的是，行业及公司业绩拐点的判断是门技术活，直接决定投资成败，这需要依赖深入扎实的研究。

坚实后盾： 机构化的投研建设

众所周知，淡水泉的产品主要是股票策略为主。然而，它却拥有多样化的投研团队，包括固定收益团队、量化团队、股权团队和全球投资团队等，这些团队更多从自己的专业角度为二级股票团队提供相关的支持，而且在考核上，淡水泉不会以业务单元对这些部门单独考核。

“私募要长期发展，一定要打造一个长期可持续的投资能力。”这是赵军在淡水泉成立之初就在思考的问题，也是淡水泉核心的竞争力。“在嘉实期间，我有一个很大的体会便是机构化的发展。**我不是一个典型的公募基金经理，我在嘉实一直分管的是机构业务，主要负责社保、险资等资金。我感受最深的一点是，构建‘长期可持续的投资能力’需要构建出一个透明化、标准化的投研体系去实现。”**

可以说，这套投研体系直接决定了淡水泉的投资决策质量。它的投研优势体现在哪里呢？总结下来有三个方面：投研系统、投研文化和投研建制。

1. FARM 系统汇集研究成果：研究框架标准规范

淡水泉有一个被称之为“FARM”的投研管理系统，其中的内容在不断地更新迭代。最早的 FARM 实际上是淡水泉通过 Excel 编辑出的产物，后来逐渐形成了一套完善的系统。

所谓 FARM，其每个字母都有着不同含义。F 即机构投资人，他们是买方。A 则是卖方分析师，买方决定了资金的去向，卖方一定程度影响了买方的决策。R 则是监管者和政策决策部门，他们会对整个股市的生存环境产生重大影响。M 指上市公司管理层，他们直接影响着上市公司的质量。

FARM 对于淡水泉而言，并非神奇的秘密武器，而是其机构化的标志。它网罗市场上不同的声音，帮助投研团队寻找板块和个股的预期差。

现在的 FARM，在赵军看来，其实还有着其他的意义：FARM，农场。“资产管理和农夫耕作其实很相似，都离不开辛勤的探索。此外，投资受市场环境影响。相似的，粮食的收成也受天气的影响。天气和市场一样有着变幻莫测的不确定性。一个好的农夫绝对不会因为觉得天气可能不好就放弃耕作。一年有四季，一个好的农夫需要坚持的是辛勤的劳作。”

一分耕耘，一分收获。因此，在 FARM 系统中除了汇集的信息和观点，还有每个基金经理的研究成果和不断更新的讨论情况。作为机构化之路的标志， FARM 系统给淡水泉提供了全面的视角、规范的平台去审视当下组合的优劣。

2. 投研一体化： 打造淡水泉的“投研战车”

除了规范的投研管理系统，在投研战车打造上，赵军崇尚透明的投研文化。

众所周知，市场上大多数私募投研采取“研究员提供投资标的，基金经理做决策”的模式运行策略，由此也孕育出了一大批为市场所熟识的明星基金经理。淡水泉的运行方式却和他们大相径庭。

倘若将淡水泉比作是一辆车，赵军便如同这辆车的核心发动机，而旗下的研究员便如同一个个小马达。在协同作战的基础上，力求发挥最大的功效。因而淡水泉在 11 年间形成了自己没有“研究员”的团队。

之所以说淡水泉的投研团队没有“研究员”，是因为其投研一体化的理念。 30 多位投研人士既是研究员也是投资经理。

赵军将这样的投研模式分为三层融入产品管理中，分别为大组合、行业组合以及小组合。大组合由赵军进行决策，构成了淡水泉组合的“核心发动机”，标的主要来自行业组合以及小组合提供的股票池。这一部分在产品中占比较高，可以达到七成，因而一定程度上可以稳定其长期坚持的逆向风格。而行业组合和小组合便是淡水泉组合中的“小马达”了。

除了投研一体化的方式让每一位投资经理做到理论与实践相结合外，**赵军不会对投资经理进行排名，也不会采取末位淘汰制度，而是提倡透明的企业文化，鼓励团队成员之间充分交流沟通。他希望淡水泉的团队不是分一块蛋糕，而是共同将这块蛋糕做大**，打造出成熟的机构化投研体系。

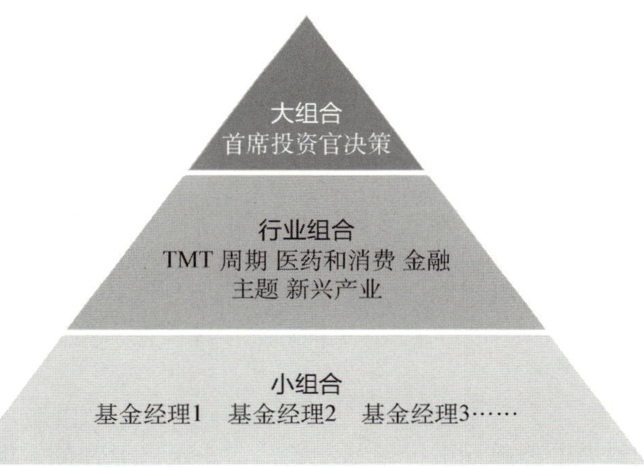

3. 打造 T 形生态圈：多能力中心配置

这几年私募行业的规模突飞猛进，从 2007 年的不到 10 亿元到现在的 12 万亿元左右。很多人涌入，竞争加剧，未来对于淡水泉来说是“逆水行舟，不进则退”。“A 股会成为一个全球关注的市场。**我们作为一家投资机构，未来要扛更大的规模。你不做会有人做，那我们就会落后时代。**”

虽然当前主要提供股票类产品，但是淡水泉内部已在悄然发生变化。它成立了全球团队、固定收益团队、量化团队以及一级市场团队。而这些团队组建的初衷并非是产品策略的扩张，而是希望打造出一个多资产类别的生态圈，帮助股票团队实现投资策略的进化。

全球团队主要在三个方面同二级团队进行分享，其中包括全球一些重要的宏观趋势，一些重要投资主题和一些多样化的投资策略。

固收团队主要在宏观、利率和大类资产配置三个方向给股票提供更多的分析角度。

量化团队则通过数据分析和计算机编程探测市场情绪等，为股票团队提供相关支持。

股权团队则通过深入洞察行业的发展趋势为淡水泉行业和产业研究提供支持。不同资产类别的团队从不同的角度为二级股票团队提供相关的支持。

股市是一个混沌的系统，受到各种因素以及不确定性的影响，从不同角度去分析市场、了解市场可以进一步增强淡水泉对市场的理解。赵军将这样的想法称之为“T形战略”，T形的那一横便是不同资产类别的团队，而那一竖便是淡水泉的老本行——股票投资。

如果对这些业务单元进行单独考核，它一定是亏钱的，但是它们是淡水泉的能力中心。淡水泉把这个投资体系比作一个多样化的生态系统。生态系统要想进化，首先物种要多样化。另外就是要持续提供新的目标和压力。没有外部压力，它不会进化。内部也要不断设定目标，淡水泉隔两三年就设一个更高的目标，让组织系统渗透进去。

透明公开的文化以及投研一体化打造出了属于淡水泉自己的“投研战车”， FARM系统使得淡水泉的研究框架更加规范标准， T形的生态圈也使其投资能力不断进化。可以说，淡水泉在投研上的规划和建设已具有一流资产管理公司的视野，这给它的深入研究提供了坚实的后盾。

试玉要烧三日满，辨材须待七年期

在一个众人都对“唯快不破”顶礼膜拜的时代中，能让自己的心慢下来的是少数。

面对同样一个投资目标，比如赚一倍的收益，计划用三年达成和用三个月达成是不一样的。想三个月翻倍的投资人，自然是关心每天的市场涨跌变化，而很多时候不切实际的欲望会让人心理变形，不自觉地就会激进，进而跌入诱惑的大坑里。

赵军更希望的是把投资标的的时间维度放到三年以上进行考量，他要寻找的是三年业绩可以上新台阶、创出新纪录且股价在市场中并未被充分反映的个股。

“当你把一件事作为一辈子的事业的时候，很多事情就很好理解。首先，这代表它特别长，你不用太在意短期的得失，短期的诱惑。”赵军说。

赵军在大学期间就读的是经济数学专业。除了他之外，一同创业的刘忠海等人实际上都有一定数理背景。包括淡水泉也有自己的量化团队，然而淡水泉并未在 2016 年跟随大势发行量化产品。

这实际源于赵军对于自我能力认识的结果。“私募的商业模式本质是打造长期可持续的投资能力，为客户创造中长期价值及回报。”

正是基于合理的自我能力认知，淡水泉才在过去的 11 年中始终扎根于 A 股的投资能力圈建设。 11 年来，承受过客户赎回的压力，也面临过规模管控时来自渠道的压力，赵军始终坚守自己的投资信仰。

试玉要烧三日满，辨材须待七年期。当一家机构始终未雨绸缪，武装到牙齿的时候，我们有什么理由质疑它呢？

淡水泉团队成员

- 淡水泉（北京）投资管理有限公司（以下简称“淡水泉”）成立于 2007 年，同时开展私募证券投资基金、海外对冲基金和 QFII/机构专户等业务，客户群体包括全球范围内的政府养老金、主权财富基金、大学捐赠基金、银行资产管理等大型机构客户以及高净值个人客户。

- 当前公司共有 80 多人，其中投研团队 30 余人。公司在北京、香港、新加坡、上海、深圳设有办公室。

- 淡水泉专注于二级市场股票投资，所管理的资产主要采用基本面驱动的逆向投资策略。作为积极投资的信仰者，淡水泉崇尚长期价值和专业能力。在多年投资实践中，淡水泉形成的投资信仰包括：可持续的投资能力是创造长期价值的根本；坚持经验和适应变化之间的平衡是实现长期价值的关键。

（数据来源：好买基金研究中心。数据截至 20019 年 3 月 19 日）

对话

DIALOGUE
淡水泉 赵军

在淡水泉，

大家一起共事，

有些是一辈子的。

访谈时间： 2018 年 7 月

天生不喜欢热闹

好买： 从公开信息上看，您是15岁读的南开大学数学系，毕业后进入了中信证券。那个年代学数学进入金融领域的人并不多，您当时为什么会选择这条路呢?

赵军： 其实我是16岁上的大学，就读的数学系全名是“经济数学系”。我当时选择经济数学专业的目的就是想着学经济。之后到了大学，我明白自己大概成不了数学家，因为我隔壁宿舍就是数学专业班的学生，我发现我和他们在数学领域是没有办法比的。这个让我印象很深。虽然我觉得自己在数学领域应该不会有什么成就，但是我喜欢用数学的思维方式去看经济问题。记得本科二年级，我就去看金融学的书籍，当时就确定了要读金融的研究生。在南开读金融专业期间，我研究的方向是资产定价理论，很自然地接触到了一些现代金融经济学的知识，当时觉得资产管理是个有意思的行业。

好买： 之后，您在嘉实基金工作了七年，从研究转向到投资。我们知道现在淡水泉信仰逆向投资，那在嘉实期间有哪些事件导致您形成这样一个投资理念?

赵军： 很难说是某一个事件。我觉得“逆向投资”可能是我创立淡水泉的时候，要跟投资人进行沟通，让他们明白我们的风格才使用的一个词。这个理念实际上也是我的信仰。

在嘉实管理基金的时候，我还没有意识到也没有归纳出来。那时候我坚定地相信基本面驱动的理念，但是我发现我常常喜欢选一些和大多数投资者所选不一样的公司，事后才意识到可能因为我不喜欢凑热闹，我倒是觉得这和性格有关，不喜欢和市场热点趋同。

好买： 记得 2008 年市场跌得很厉害，当时您说没有什么太大问题，中国市场还是会好的，包括后来的 2011 年、 2015 年，市场很差的时候，您也是如此。而且，您往往还会采取实际行动，比如通过增持来表达这种乐观，为什么会有这么强的自信心?

赵军： 有两个原因。一方面，在那个时候，**我们说有信心，并不代表我们能预测指数，只是思考了正确的问题。**可能很多人想的是接下来会不会跌？而我们想的是，在这个时点我们有没有足够多的标的在未来三年基本面能上台阶。如果这么想，那肯定是市场越恐慌、企业的股票价格跌得越多时，未来企业基本面价值提升也越多。

另一方面，我知道自己还是有能力的，有认知企业基本面的能力。你如果能找到三五十个基本面有预期差的公司，你是不会为了接下来市场会不会再跌而过多忧虑的，你给这个问题的思考权重肯定很低。

那很多人会问，“凭什么淡水泉能找到未来上台阶的企业?”我说，那你就要分析企业上台阶的种种可能，有行业风口型的，有提前投入产出型的，有浴火重生型的，比如你发现企业这几年都在招兵买马不断投入，后面可能就会开花结果。当然，这都需要深入的研究。

我们也常常在想一个问题，就是过去 11 年中，**每次当市场下跌的时**

候，逆向投资的信仰使得我们在大方向上都没出错，我们在市场恐慌的时候经常敢买，但是我们需要反思的是决策质量。比如我们在 2017 年从万华化学这只个股上赚钱了，但是我们没买到格力、美的，我们一度重仓海康威视，后来也没有坚持。我们要关注的是当市场处于底部区间的时候，我们选择的大多数投资标的是否足够优质。而这归根结底还是要深入判断企业的基本面： 第一，自上而下看产业发展的趋势；第二，自下而上看公司的发展能不能上台阶。

好企业关键在预期差

好买： 您对好企业的判断标准是什么?

赵军： 企业选择上，我关注的核心是预期差，即企业未来基本面的预期差和交易情绪的预期差。这个企业是不是处在一个新兴成长行业，这点对我来说关系不大。我没有行业偏好，也没有企业偏好，我认为好企业没有特别的标准可言。

比如说我的投资目标是追求 6 到 12 个月的回报，那么我甚至不会关心这个企业管理层的诚信情况。同样，你要投一个私募基金，想持有 3 到 6 个月，净值涨得最快，其实你不用去调研这个私募，只要确保它 3 到 6 个月不关门就行。但是如果你要投一个企业三年，除了要观察企业本身，还要看行业风口，这三年可能跟行业风口有关系。

也就是说，投资目标不一样，对符合目标要求的企业标准也会不一样。

好买： 我很赞同您说的。如果各种企业组成的是一个同学会，如果您要投资长期的话，最好选择人品最好的那个。

赵军： 对。**当你想长期投资一个企业，时间越长，人的重要性越大。短期内，可能人的重要性发挥不出来。**所以我经常开玩笑说**你如果投资三个月，就不要做基本面研究了。要是投三年，最重要的研究是行业风口。你要是投十年，人的因素就很重要了。**

我依然觉得投资归根到底还是一个企业基本面的认知以及达成这个认知的目标。如果你不把这个事搞清楚，会出现什么情况呢？**我在跟你谈行业风口，你在跟我说这个管理层优秀。这是不对的，因为大家的期限是不一样的。**我觉得你可以把它理解为你到底追求什么样的目标。

好买： 您一直比较倾向于寻找关注度低的灰马股，不过 2016 年和 2017 年灰马都被市场抛弃了，这个时候不大符合你的投资风格。而且，很多人认为 A 股在港股化，未来灰马可能没有那么好的一些机会。对此，您怎么看？

赵军： 我们寻找灰马而不寻找黑马和白马的原因在于，黑马有个特点，就是它没有历史记录，它突然间成为明星。就是说，这个企业过去一直失败，突然间却脱颖而出了。我一般不太相信“麻雀变凤凰”的奇迹，我常常把握不住。而白马股因为它是市场公认的明星，我们常常发现不了预期差。

所以，我们更想找这种被市场蒙上了一层错误认知的优质个股，它其实可能是白马，但是被阶段性错杀了，或者是遇到一点挫折，但通过我们的研究，它还会恢复到白马的行业里面。

好买： 在上市企业季报中，我们经常看到淡水泉出现在前十大流通股中，而且有时持股的周期为两三年。那淡水泉是否会参与一些股东大会，跟公司一起探讨怎样去发展？

赵军： 这个事不是我们主动要做的，比如有些企业邀请我们进董事会，但是我们是拒绝的。因为我觉得你现在邀请我，把我当友好股东，并不是真正让我发挥作用。不过，我觉得这会是一个趋势，未来机构投资人需要在公司治理中发挥更多作用，也许十年以后，时机更为成熟时，淡水泉会更加积极参与公司治理。

寻求机构化发展

好买： 淡水泉的 FARM 投研管理系统是在 2009 年提出来的，这么多年过去了，这个投研框架有哪些变化？有哪些新的体会？

赵军： 这要提及早年我在嘉实的经历。投资这件事，不能光有理论知识，还要有实践。在嘉实的实践中，我确实慢慢地形成了自己的投资信仰，比如我偏好在市场关注少的地方做研究。同时在嘉实期间，我比较大的体会就是机构化的发展。因为我在嘉实期间一直是分管机构投资，包括社保、保险一类的资金。在这一方面，我不是个典型的公募基金经理，我管理的公募基金丰和也是一只封闭式的基金，我主要是做机构投资业务，所以我觉得如何建立一个机构化的资产管理机构是我在嘉实基金中学到的。机构化最重要的是要构建一个透明化的投研流程，打造一个长期可持续的投资能力，这也是我们机构投资人特别认同的一点。

FARM 系统实际上是我在打造淡水泉的投研管理体系时提出来的一个

系统名称，整个投研流程的成果管理都在里面。 FARM 对淡水泉最初的意义并不是作为一个秘密武器来产生阿尔法的，而是更多象征着淡水泉走向机构化的发展，让外人觉得我们是一个具有机构化基因的公司。

我们最早的方式是基于 Excel 把它编程出来，后来慢慢地进行改造，不断升级。它包含了影响股票定价重要的四个角色、四个参与方。现在一个股票定价离不开这四个参与方，但是我们研究一个公司、一个行业的方法论可能在进化， FARM 系统里面的内容在不断地更新迭代。

现在我更喜欢 FARM 的这种感觉。第一，很喜欢这个名字， FARM 是农场的意思。我觉得投资和农夫耕种很相似，需要有农夫般辛勤的劳作和探索。第二，我觉得投资的收成确实会受天气的影响，天气在可预测和不可预测之间很多时候是不确定的，但是好的农夫绝对不会因为预测可能天气不好就放弃耕作。我越来越喜欢这个角度，我觉得这也体现了我们对投资的理解。**一年有四季，我永远都需要辛勤的劳作，一分耕耘，一分收获。**不光是我，包括我们所有的成员对这个系统的理解都是这样的。所以我们的系统其实也是耕耘,每个基金经理的研究成果不断地更新讨论。

好买： FARM 系统比较注重市场预期和自身判断的预期差?

赵军： 是的。 FARM 系统有一个作用，就是对我们自己的研究和外部的观点不断地进行比较，这是我们投资流程中很重要的一环。比如一个基金经理在介绍一个企业时，我会问他，现在外面的市场怎么看这个企业？也就是典型的卖方声音以及已有投资人的看法，这些人持怎样的一个判断。**如果他们和我们的看法都一样，那么对于这个标的，我可能**

不会很激动。

私募是个卖能力的行业

好买： 在很多私募看来，要在高波动的A股市场做出绝对收益，需要择时。而同样是权益类投资，淡水泉的股票产品中比较坚定高仓位运作的方式，您是怎么思考这个问题的？

赵军： 我想是基于一个自我认知吧，知道自己的能力在哪里。而我的能力就是我能在股票市场承担波动，同时我能够选出不断超越市场的股票组合。所以，我们在发行产品时，都会清晰地告诉投资者这是一个股票产品，他要承担波动、承担风险，同时也会告诉他，如果给我一个合适的投资期限，比如说三五年的中长期时间，我能够为你提供超越市场的回报。

其实，在创立淡水泉的时候，我是有这么个思考：淡水泉的商业模式是什么？就是说我们是一个什么样的行业？私募行业的本质特征是什么？我的认识是这是个卖能力的行业，就是你提供的产品或服务必须围绕你的核心能力，一旦不是你的核心能力，你就不能做。公募基金不一定，公募基金可能是卖一个标准化的基础服务。有人说，只有对冲基金收业绩报酬，我不这么认为。我研究了国外费用，认为这个收费收的是能力的费用，就是说你应该是对你超额能力的部分收费。如果你没有能力还收费，那业绩肯定会低于大家的预期，低于市场上其他有竞争力的产品，最终你会被淘汰。如果你收完费后，还能提供在这个同等风险下最好的一个回报，你就能生存下去。所以我对对冲基金的理解就是对能力的收费，它是一个业绩驱动模式，这使得我们专注在能力圈。

另外，我还思考的一点是淡水泉希望的是不断提升能力，这是我们的追求，而不是对规模的追求。规模只是盈利的结果，是整个市场发育的结果。中国的财富管理市场够大，资本市场够宽，所以才孕育出一批私募基金管理公司。我们对自己的现有能力有清晰的认知。例如，我的港股有大量的多头暴露，我不擅长做空。但是对于擅长做空的人，我鼓励他加入我们团队。我们的投资品种越来越丰富，投资能力越来越强，我们推出了平衡策略。这个平衡策略实质上是一个多策略，因为不同策略的相关性比较弱，同时又能实现一个相对稳定的收益目标，把它组合在一起就会更稳定，当然这需要好多年的证明。

好买： 十年前跟您聊的时候，您说要打造一个投研一体化的团队，要培养一支多基金经理制的队伍，现在也实现了这样的一个目标。您在投研体系建设上是怎么思考的?

赵军： 我们从创立之初就坚定地相信团队制，相信组织的力量要远远强过个人能力。这些年来我们一直围绕着这一点来建组织，找志同道合的伙伴，投资团队慢慢发展壮大。在这个过程中，我们是投研一体化的，就是把投资和研究融为一体，每个人既是研究员又是基金经理。这种内部的管理也在不断进化，比如早先我一个人带着四五个基金经理，后来变成我一个带十几个的时候，会比较困难。到后来变成二十多个的时候，我就开始分组了。目前我们有四个产业组和两个非产业组，这意味着我们有六个股票团队。

十年前，我注重的是如何做好投研一体化。在实践当中，首先还是这个理念，就是打造一个强大的组织力量，这个依然没变。这几年想得更多是怎么让组织的能力不断增强，我们提出了 T 形战略。

T 形的这一竖指的是我们强调专注带来的能力，做产业专家，一横指的是我们打造多能力中心。我们除了股票团队外，还有两个做债券的人员，虽然我们并没有发债券基金，我们还有量化投研人员、全球投资团队，这些团队会从他们的角度为股票投资提供支持。

从理论上讲，如果单独对其进行考核，它一定是亏钱的部门。它是能力中心，是研发机构，在一个透明的大的投资团队里起到一个内部协同的作用。协同以后，我们把淡水泉的投资体系比作是一个多样化的生态系统。生态系统要想进化，首先物种要多样化，另外还要持续地给它新的目标和压力。

我觉得未来 A 股市场会变成一个全球关注的市场，参与者众多，市场进化速度加快，可以容纳足够大的资产管理公司。我们作为一家投资机构，需要扛更大的规模，你不扛别人会扛，那我们就会落后。所以，我们现在需要持续提高自己的能力。

好买： 未来淡水泉有可能会出现多策略基金吗?

赵军： 会。其实我们的平衡基金就是为多策略储备的种子，我们的全球基金已经运行了将近两年，在全球找机会，它相当于 FOF，这两年业绩相当好。我们有若干个回报流，每个回报流之间相关性不大，比如说新加坡团队获得的回报与香港的、 A 股的相关性很低，如果把这一堆回报组合在一起，它就是一个多策略的雏形。

好买： 淡水泉的人才衡量标准是什么？

赵军： 匹配淡水泉的人有两个标准。

第一，他与淡水泉人分享共同的价值观和动机。就说我们是热爱这个事业的，我们的价值观是相同的，这是一个定义的维度。如果只是想尽快实现财富自由，享受生活，那动机就不一样。在淡水泉，大家一起共事，有些是一辈子的。

第二，高潜质人才，终身学习、终身成长，才能一起进化。这样的人决策效率高，尤其是在面对困境的时候。**我觉得企业发展就像是在走长征，不能吃了一个败仗就开始讨论到底要往哪走、还走不走。**

好买： 私募行业快速发展了十多年，您作为私募行业比较成功的一个代表，怎么看这个行业未来的发展？

赵军： 国内私募行业崛起的大背景是资产管理的需求发展，我对未来特别乐观，因为我觉得中国应该有世界级的资产管理公司。第一，中国市场的广度、深度足够培育起世界级的资产管理公司，包括私募。第二，我觉得中国人勤奋思辨，有巨大的人力资源储备，**未来 10 年或 20 年，也许中国资本市场还处于非常早期的阶段，但再过 100 年，我觉得中国会产生一大批全球高品质的资产管理公司。**

好买： 我曾经总结过私募长大的几个因素：第一，要比较透明，别人知道你是怎样做投资的；第二，非投资人员需要有一定的占比，也就是说运作要比较规范化。淡水泉其实这方面做得挺好，不论是月报的内容写作还是频次分布，我觉得都很好。

赵军： 我们选择走机构化之路。投资能力是最基本的配置，除此之外，基金运营服务也很重要，千万不要把这个外包出去，这会对投资人带来很大影响，比如不同渠道的投资人受到不公平的待遇，收费和服务是不是一致等。我觉得这些很重要，投资者利益至上的核心就是公平对待。

赵军投资金句
QUOTATION

❶ 在复杂变化的市场中，保持一颗平常心非常重要。何谓平常心?首先，要对投资回报有一个合理的预期。并非要追求一时的高回报，这固然能给人以刺激感。但细水长流，常年维持一定的收益率也是不易，即使这个收益率不高。经过时间的沉淀必会成为一笔不小的收益。其次，对资本市场我们也要保持一颗平常心。要敬畏我们所不了解的，同时也要对自己有能力的领域充满信心。

❷ 市场中没有绝对好或者绝对坏的行业和公司，选择什么时候去买这个行业或者这个公司取决于两个因素，一个是市场的情绪，一个是基本面。

❸ 市场情绪和经济社会的发展一样，都是有规律可循的，一只股票从不被人喜欢到少数人关注，到越来越受追捧，再到铺天盖地的关注，也是一种规律。当某一类资产被过度追捧，首先可以认为该类资产从长期来看在丧失性价比优势，其次是其对立面的资产肯定是被冷落了。

❹ 一个公司是否值得投资有三个条件： 有能力、有动力和超预期。所谓有能力是指公司的管理团队已经在所处的行业证明了他们的能力。非常多能力不错的公司，管理层缺乏企业家精神，不重视长期发展，小富即安，这种是动力不足的公司。除了上述两个条件之外，公司的业绩还要超出预期，如果业绩已经体现在价格当中，则股价就没有上涨的动力。

❺ 想要长期投资，第一，一定要坚持基本面研究。K线图只能看出市场走势，只有观察基本面才能发掘隐藏在深处的机会。第二，要遵循一个长期的历史力量，这就是估值。我们要学会根据历史上的分布规律对市值做一个客观的判断。第三，用常识来增强信心。情绪永远是暂时的，当一部分人开始热捧某一类资产的时候，切不可随波逐流，盲目跟风。

❻ 当发现某类资产出现极端的表现，而你并未布局于此，我们的想法是，站在另外的角度去考虑。这类资产一定会把人（投资者）的情绪调动起来，风吹起来以后，就一定有情绪的对立面，这类资产的对立面就容易出现机会。

❼ 所有人都知道当前是“现金为王”的时候，大街小巷都在讲“现金为王”的时候，我们需要做的就是开始投资。但当所有人都想把手中的现金拿出去投资时，也是下一个泡沫到来的时候。

❽ 我们认为，要利用恐慌，而不是被恐慌利用，要利用好此次危机，因为它给我们带来的是机会。（这是2015年股市异常波动时，赵军发表的看法。——编者注）

❾ 首先，我们认为投资能力是可以培养的。对投资的热爱、艰辛的付出以及正确的引导，三者共同作用能够显著提升个人的投资能力。其次，从长期来看投资业绩会向投资能力回归，个人运气以及市场机会只可能产生短期影响。最后，投资能力可以概括为以下两类：一是在市场下跌的时候

保护本金，在市场上涨的时候提供有一定回报的绝对收益型投资能力；二是在任何环境下都能跟随市场指数，并且能始终超越市场指数的相对收益型投资能力。

⑩ 对我们来说，熊市正是调研的好时机。

“猛将必发于卒伍”，中欧瑞博起源于班费投资，但在投资上并不“猛”。

用春夏秋冬来指导投资——春播、夏长、秋收、冬藏。时节好比股市的行情波动，不同的阶段对应不同的仓位。

在标的的选择上，注重基本面，将仓位管理和标的基本面结合，知难行难，但并不妨碍其成为一只优秀的基金。

中欧瑞博　吴伟志

最大的财富是身经百错

吴伟志

中欧瑞博　董事长、首席投资官

- 清华大学五道口金融学院和中欧国际工商学院EMBA。
- 拥有 24 年证券投资经验，先后就职于特区证券、华西证券等多家机构，经历了中国证券市场两个牛熊循环周期，积累了丰富的投资经验。
- 在多年的投资实践中，总结出“春播、夏长、秋收、冬藏”的投资哲学，投资风格以成长投资见长，价值投资为重要补充。

潮汕人曾被誉为“东方犹太人”，精明、擅长经商是他们身上典型的标签，中欧瑞博的董事长吴伟志是名潮汕人。和本书中其他几位私募基金经理公募和券商派系背景不同的是，他是一位民间派私募的代表。

比较难得的是，他创立的中欧瑞博已长跑十一年。私募行业时常涌现出各类黑马，然而冠军多折戟，业绩持续十年以上的较少，尤其是在深圳这样一个风格相对激进的城市里，长期私募更少。

“中欧”源自早期的投资人和合伙人基本都是中欧商学院金融班的同班同学，而“瑞博”是英文 rabbit（兔子）的谐音，兔子时时竖起耳朵，倾听自然界的声音，如有异动就迅速躲起来，对风险极为敬畏。

“中欧瑞博就是一只谨慎的兔子。”吴伟志说，其净值表现也印证了这点。2008 年金融海啸，市场当时回撤了 60% 多，中欧瑞博整体回撤 25%。2015 年 A 股暴跌期间，众多个股腰斩，中欧瑞博回撤 15%，2016 年初熔断回撤仅有 9%。①

在民间派丛生、私募风格彪悍的深圳，中欧瑞博在极端行情下的风控是其长存的关键。这源于吴伟志的吴氏投资方法论。

1993 年入市，非科班出身，吴伟志在 A 股投资长达 25 年，他身上最鲜明的特点就是进化。从 90 年代研读各种波浪理论书籍，学习当时流行的技术分析，到 2003 年重仓茅台，转向基本面分析的制胜之道，再到后来建立自己在成长股上的相对优势。作为一名潮汕人，他对投资中各种可以赚钱的方式都保持着浓厚的研究兴趣。可以说，吴伟志的成长就是在自我学习、摸索和反思中前行。

---

① 数据来源：好买基金研究中心。

私募行业中，有人擅长趋势跟踪，有人专注公司研究，有人偏爱行业轮动，更多的私募是在某个纵深领域中建立研究上的竞争力。与此不同的是，吴伟志的优势主要体现在宽度和广度上，从实践中总结归纳操作策略。从研读投资大师的书籍，到观察身边赚钱人的特征，再到从国学中领悟人生与投资之道，吴氏投资方法论采各家之长，既择时又择股，包罗万象。

如他所言——我们最大的财富就是身经百错。

择时与择股并重

来到中欧瑞博办公室，令人感触较深的是，走廊墙面上的巴菲特警句。众所周知，巴菲特很少做波段，他的投资策略概括起来就是长期持有优质企业。

吴伟志也有过类似的经历。 2002 年底，熊市持续了一段时间，他迫切想要寻找下一轮牛市中的牛股，最终挑选出最为认可的贵州茅台，重仓持有直至 2007 年，最终赚了大约 30 倍，个人迅速实现了财富自由。

国内一些和中欧瑞博同期成立的私募，也有依靠高仓位、较少择时、长期持有优质企业的策略穿越牛熊，实现十年业绩翻四五倍的。不同的是，吴伟志的投资框架中纳入了很多择时的维度。回顾他过往的操作，在大择时上判断上相对较准，也会适当调整仓位。

2008 年初，正值那轮牛市末期，吴伟志撰文《生逢冬日》，**“春夏秋冬，周而复始，冬天一定会来，不要奇怪，也不必恐慌。重要的是我们是**

否做足了准备。”与此相映照的是，上证指数一泻千里，直到当年10月底才见底，不少私募死在了那场寒冬里。

2015年5月，吴伟志果断减仓，第二次成功逃顶。因为根据十多年的研究，他认为A股半流通时代市盈率应在15~45倍之间，然而2007年已经到了60倍，所以他选择落袋为安。而2015年4月创业板市盈率达到180倍，超过2000年的纳斯达克，创造人类历史最高纪录，所以他认为顶部到了。

因此，在2008年、2011年、2015年和2016年剧烈波动的市场中，中欧瑞博的回撤通常只有指数的1/3。①

A股市场遍地黄金，基本上能做私募的大多数都有不错的收益获取能力，短期大赚的基金经理不在少数。**而为何有的可以活十年，有的辉煌两三年后就销声匿迹了？其实主要的差别就是熊市中的生存能力，**要么你可以在大幅回撤后创出新高，提供一种高波动、高收益的产品，这通常是建立在对个股深入研究基础上的逆向投资；要么你可以在熊市中通过降低仓位控制好回撤，等行情出现变化时逐步提升仓位。显然，中欧瑞博是后者。

2012年底，吴伟志判断下一轮牛市即将到来，当时他给中欧瑞博定下2013年的投资策略——聚焦优秀的成长股。据了解，他在2013年“播种”的不少成长股，在2014年至2015年上半年的牛市中收获颇丰，其中一只互联网股票涨幅达10倍。

不过，吴伟志坦言：“如果以十年的业绩评估，我们并不出彩。我们的

---

① 数据来源：好买基金研究中心。

业绩有明显起色主要是从 2012 年开始的，那一年公司进行了增资扩股，股权更加集中，决策上更有效率。如果看最近五年的业绩，中欧瑞博还是比较领先的。”

从 2013 年往后看，中欧瑞博的产品展现出一种特质——一段时间，净值曲线可能会缓慢爬行，甚至有可能横着，一段时间尤其是在其最为擅长的成长股行情来的时候，净值曲线快速爬坡。

市场上业绩优异的私募以择股的居多，对于中欧瑞博来说，它选择的策略是既择时又择股，吴伟志是怎么思考这个问题的?

顺势而为不会犯大错

根据中欧瑞博的产品特性，我们可以归纳出一点：顺应趋势。展开来说，就是它希望在熊市中控制住风险，好好地活着，牛市中乘风而起，努力创造收益。正如 2007 年，中欧瑞博成立时确定的投资理念——与伟大的企业共同成长、尊重趋势、策略适配。

对此，吴伟志曾公开有过解释，“与伟大的企业共同成长是指我们要赚阿尔法的钱。**面对市场的季节变化，面对市场的涨潮和退潮，你一定要尊重它的大方向、大趋势，逆势而为是很危险、很痛苦的。**策略适配则是我们怎样去认知市场的贝塔，怎样去适应贝塔波动的市场环境。

吴伟志非常喜欢打高尔夫，他的办公室角落里经常放着高尔夫球杆。**他认为打高尔夫球和做投资非常相似，因为不同的球杆用来打不同的距离，而不同的环境更要用不同的球杆来打。**

中欧瑞博曾做过一项海外主要股市和 A 股的对比发现，在牛市泡沫时与熊市谷底之间，两者的估值差大概率是 3 倍左右的水平。同样盈利水平的公司，因为市场情绪的波动，股价的差距可以有如此大的变化。

在剧烈波动的 A 股市场，没有哪一种投资策略可以在牛熊循环的每一个阶段都适合。吴伟志曾说，“想在这样的市场当中赚大钱，第一步先要做到不犯错误”。他希望通过策略适配降低产品的波动，尊重趋势带来超额收益。那么，具体要怎么操作，才能带来不错的业绩？

股市四季模型理论

在择时上，吴伟志有自己的理论——春播、夏长、秋收、冬藏。

简单来说，**市场的指数就是整体市场的温度计，决定了仓位。** A 股熊末牛初时适合春播，这时候要去寻找优秀的成长股建仓，仓位一般为 30%~70%；牛市中期时适合夏种，靠估值提升也能赚取不错的收益，市场轮动会不断去填平估值洼地，采取 70% 以上的进攻型仓位；牛末熊初适合秋收，此时鸡犬升天正是收获的季节，市场在高位震荡，仓位降低至 30%~70%；熊市中期适合冬藏，此时指数大幅下跌，要专注寻找下轮牛市的好演员，以低仓位防守为主。

市场的不同季节变换策略，降低了吴伟志在仓位上犯大错的可能性。1993 年进入市场，直到 2003 年转向基本面，十年的技术分析实践经历，吴伟志感受过不同的涨跌周期，这也是他做择时的基础条件。

不过他说：“我们最早是做趋势投资出身的，多年体会下来，纯做趋势投资，大的风险也躲过了，但没赚到什么大钱，真正让我赚到钱的是成长投资。”

了解股市所处的天气，利用仓位调整降低产品的波动，不过要想有好收成，还要种好庄稼。什么季节适合播种什么品种，吴伟志总结出了一套规律。他把投资的公司分为三种情况，如果用自然界的植物打比方，就好比种树、种粮和种菜。

种树是成长股投资，主要赚公司盈利成长的钱，这类企业成长主要是靠行业蛋糕的做大或份额的提升。好的树木可以茁壮成长，只要公司盈利能够持续增长，长期看股价大概率会呈现上升的趋势。如果树的价格因为市场原因出现一些波动，不要因为下雨贸然去砍树，不过如果出现严重的泡沫时，也需要减持。

种粮是价值型投资，赚估值提升的钱，这类企业多数是行业龙头，市场份额和盈利接近天花板。好处是粮食可以长期储存，可以大面积种植，缺点是成长性不足，无法赚业绩增长的钱，需要在市场投资者情绪低迷时入场，赚未来情绪恢复估值修复的钱。

种菜属于主题投资，赚市场博弈的钱。由于菜的生长周期短，无法储存，因此不可能大面积种植，行情来了适度参与，买之后如果发现它不符合预期，那么必须及时纠错。

从吴伟志的投资风格看，他更偏好种树， 2013 年至 2015 年的成长股行情就特别适合他，这一点在中欧瑞博产品的净值曲线上反映得很充分。那么，怎么灵活运用这三种投资策略呢?

“加仓的时候，选择性价比最高的品种先加，如当市场处于熊末牛初时，要精选成长股来种树。但是到了牛市中段，树会很贵，要调仓到粮。

遇到熊市下跌减仓时，通常先减菜，其次是粮，最后是树。”

一个公司是树，还是粮、草会随着时间的推移和竞争环境的变化而改变，最怕的是把一棵草当成树来种。吴伟志说：“一个公司的成长基因通常要看它的商业模式、竞争优势、行业成长空间、管理层以及业绩能否达预期。”

吴伟志热衷成长股，某种程度上和他潮汕人的经商基因息息相关。幼年家中从事批发生意，长年对生意耳濡目染，不断地接触各种商业模式，加之专业能力和经验的积累，吴伟志在成长股的判断感觉上有一些先天的优势。

精准的牛熊判断是前提

在 A 股浸润多年的人都知道，判断市场是最难的。牛市中的下跌，你以为是暂时的调整，可能是大幅下跌的开始。怎么判断股市所处的季节，怎么辨别波动的性质，这是策略适配有效实践的前提。

跟资本市场深度交往了 25 年，吴伟志对股市涨跌周期的探索集中反映在“春播、夏长、秋收、冬藏”的投资体系中。他认为，四季的气温每天都会波动，短期看股市每天的波动是没有规律的，但是**牛熊的演变和转化就跟自然界季节的变换一样，不会因为几天的温度波动而改变季节变换的大趋势。**

吴伟志把牛市的形成机制分成三个阶段。

第一阶段，当估值足够便宜的时候，有长期资金的专业投资者入场买最优秀的公司，赚到最优秀成长股业绩增长与估值修复的钱，形成新一轮牛市第一波的赚钱效应。

第二阶段，当最优秀的公司启动赚钱效应之后，可能上涨 30%~50%，赚钱效应会引发场外的资金入场推动股市进一步的上涨，多数公司的股价也会跟随上涨，并且形成轮动，不断填平估值洼地，进入了牛市的主升阶段。

第三阶段，赚钱效应形成正反馈持续强化，越来越多的资金入市就形成了股市高潮。最差的公司也跟着补涨。

熊市的形成机制与牛市是反向对称的。熊市开始时，市场估值处于高位，此时有瑕疵的公司领跌，然后出现了亏钱效应，需求的萎缩是倍增的，同时把股指拉下来，最后优秀的公司补跌。

那么遭遇调整时，怎么确定它是何种性质的波动？怎么来应对？吴伟志把上涨趋势中的波动分为三种： 牛熊拐点、中级调整、小波动。不同波动有不同的应对策略。

牛熊拐点是指长期上涨之后，结束上涨，往下拐。中级调整下跌时间通常持续两周到三个月，跌幅为 10%~ 20%。如果超过 20%则一般不是中级调整，就要比较小心了。小波动指的是下跌的时间不超过两周，指数下跌的幅度为 5%~10%。

如果定性是小波动，中欧瑞博的策略是直接过滤掉不做反应。如果定性为中级调整，则一定要适当降低仓位，比如原来牛市之中是满仓，就要把仓位降到七成左右，通常不会低于五成。而一旦判断是牛熊拐点，中欧瑞博的纪律是任何情况下不等反弹先减少一半的仓位。

不论哪种波动，中欧瑞博的要求是必须在前三天做出定性判断并采取行动，然后对每一个判断都要抱着预判、跟踪的心态去做，在波动中不论加减仓，对了就坚持，错了就及时调整。

准确识别市场的波动是趋势还是噪声，这很难。**投资就像开车一样，从上海开车去苏州可能要经过 50 个十字路口和转弯，无法提前预知每个路口的状况。当到了路口，看不到拐角视野后面的状况，那就先把车速降下来，转过弯看清楚没有风险之后再提速。**这是中欧瑞博的做法。

核心竞争力在于持续的进化

和那些在券商和公募受过专业投研训练的私募基金经理不同，吴氏方法论更多是由实践中的经验和教训总结而来。吴伟志办公室的墙面上张贴了许多励志牌，看似简短的语句都是他从业以来的所思所悟，有成功的经验也有失误的教训。

1993 年，他以技术分析派进入市场，正逢熊市，市场震荡下行，直到 1995 年下半年才见底。熊市最大的好处就是教给吴伟志怎么去防范风险，事后他说："回过头去看觉得非常幸运，如果一开始碰到的是牛市，虽然很容易赚钱但以后遇到熊市也很容易亏回去。"

不过，熊市中的策略在牛市中照搬却遭遇失意。

1995 年市场见底之后牛市启动，一直持续到 1997 年从高位下来。牛市中，吴伟志的赚钱效果并不好，过往成功的经验反而成了他的绊脚石。当时的他在券商工作可以接触到很多客户，于是就观察什么样的人可以赚钱，哪些人亏钱。通过特征总结，他想明白了一点：牛市赚钱其实很简单，就是寻找优秀的股票买入持有，持有到牛市结束。

2003年“五朵金花”崛起，价值投资者迎来黄金时代，而庄股模式相继破灭，名震江湖的德隆系、南方证券等庄家纷纷破产。这一年对于吴伟志来说，是一个重大转折，这体现在两个方面。一是他在原来纯粹技术分析的基础上加入了基本面分析，潜心研究了海外关于价值投资和成长投资的书籍，到中欧商学院进行系统化学习深造；二是他投资了茅台，为他日后的财富自由奠定了基础。

2007年中欧瑞博成立后，吴伟志和团队也经常提出问题，寻找方案，归纳总结。

例如，2009年市场大反弹，他们当时不看好的品种不愿意买，而看好的公司股价又不是很满意。当判断市场上涨有机会，投资品种价格不满意怎么办？吴伟志提出了这样的问题。最终他们讨论后的解决方案是：先上车再优化。不过，现在的中欧瑞博投研团队更加完善，准备更充分。

还有2013年，当时他们坚定看好成长股，制定了分批购买的结算计划，不料买完第一笔后，股价一飞冲天，遇到这样的情况怎么办？吴伟志和团队讨论的结果是：构建行业指数，一旦行情启动需要加仓的时候，就执行指数化买入。

从一个小问题出发，拆解分析，完善自己的武功路数，通过不断反思和总结，吴伟志形成了其独特的吴氏投资方法论。

吴伟志很喜欢读国学，如《易经》《道德经》《论语》等。他非常推崇《道德经》，这是一部讲述规律的书。他把投资比作种庄稼，其实是对不同事物发展规律的参悟和贯通。未来吴伟志也许会进化出新的样子，他可能会总结出新的投资规律、新的定性理论，也许更复杂、更多变、更精细。

英雄不问出处，私募剩者为王。对于热衷学习、持续进化的人来说，长期只要不犯大错，复利效应会带来净值的稳步增长。

中欧瑞博团队成员

- 深圳市中欧瑞博投资管理股份有限公司（以下简称“中欧瑞博”）于 2007 年成立于深圳，是中国较早的阳光私募基金管理公司之一。

- 2014 年，中欧瑞博在中国基金业协会登记备案获得私募基金管理人资格， 2016 年公司发行注册于开曼的第一只海外基金。中欧瑞博专注于中国内地、香港和海外二级市场证券投资，公司成立以来与国内优秀的渠道合作发行了多只阳光私募产品，并接受国内外大型机构的委托资产管理业务。

- 中欧瑞博坚持“与伟大的企业共同成长；尊重趋势，策略适配”的投资理念，秉持“春播、夏长、秋收、冬藏”的投资哲学，发现并专注投资于基本面优秀的企业，打造卓越投研、风控、市场和管理团队。

（数据来源：好买基金研究中心。数据截至 2019 年 3 月 19 日）

对话

DIALOGUE

中欧瑞博 吴伟志

成长股像树，

价值股像粮食，

主题、趋势投资像菜，

我们主要投资于树。

访谈时间： 2018年7月

从草根到私募大佬

好买： 您1993年开始入市，当时股票市场以技术分析为主，又正好属于熊市，这段经历对您后来的投资有什么帮助？

吴伟志： 1993年，我大学毕业就进入了证券行业。当时我们老板很大胆，我也很幸运，到公司报到还不到一周，老板就把我跟另外一个小伙子叫过去，说我们公司要做自营，你们俩试试。**这个就好比刚到部队，枪还不会用，就让你上前线了。**所以，我的投资是从实践直接开始的，那个时候对赚钱其实是没有概念的。

公司给我们提供了一些学习机会，比如把我们送到交易所以及社会上流行的学习培训机构去学习，主要学的就是技术分析。当时中国股市是没有基本面研究的，涨得好的股票一般是有庄家、有主力的。

直到2002年开始，市场才开始从过去的研究图形向研究公司基本面转变。1993年到2003年近十年时间，我对投资的理解都是围绕着研究市场规律去做的。我从小就很好胜，很要强，做什么都想做第一。2003年，我回顾过去十年的投资生涯，有很多的反思。

最早的反思是1993年到1995年，市场总体是震荡下行趋势。当时对熊市的认识是，买进去赚钱要走，及时止盈，不赚钱也要走，要及时地止损。

1995年市场进入牛市，我将熊市中的经验用在牛市中，但赚钱的效果并不好。当时买了好的股票，赚了钱就跑，有新高也不敢追，因为你总觉得它会跌回来。这段经历让我明白，在熊市之中是要防守的，但在牛市之中防守是不对的。**牛市来的时候，只要选择最好的个股买入持有到牛市结束，这才是最成功的投资。**

2003 年开始的时候，我就在思考熊市进行了一半，要寻找下一轮牛市中最好的股票，研究比较后选择了茅台。茅台应该是改变我投资习惯的一个开始，它让我从单纯的技术分析派转变为注重基本面研究。

好买： 中欧瑞博成立于 2007 年，期间 A 股市场也经历了几轮牛熊转换。可否分享下这十一年来，您的具体操作思路？

吴伟志： 2007 年我们公司成立，当时正好是熊市开始的阶段。我们写的第一封给投资者的信，题目叫作“生逢冬日”。我觉得根据我多年的投资经验，这就是熊市的开始。

只是当时我在中欧瑞博还没处于绝对控制的地位，管理层其他成员对市场没有那么悲观，当时大家都期望 2008 年北京奥运会的大行情。我们内部的看法有些分歧，我当时也没有百分之百的自信度，最后我们就在悲观和乐观中取得相对平衡，偏防守型，仓位相对比较低。后来 2008 年整个市场跌了约 60%，我们大概跌了 20%。

2007 年到 2012 年，公司内部存在着一些磨合，直到 2012 年底，我们做了一次增资扩股，股权理顺了，我实现了绝对控股，公司发展完全按照我的思路来进行，在决策上也顺畅了很多。从 2012 年开始，公司的业绩开始有了一个明显的变化。我们十年的累计回报在业内不算最拔尖，但是如果从 2013 年开始算起，我们的收益率肯定是比较好的。

另外，中欧瑞博现在采用的行业基金经理制的投研方式，也是从 2012 年开始搭建的，这是我们公司创业以来很大的变化。**我们这个团队最大的优点就是勤奋爱学习，每一次在投资中碰到的问题和遗憾，我们都会找出它的本质，并在未来去规避。** 2008 年底，我们当时想买最好的公司，但这些公司股价不太理想。 2009 年市场有个大反弹，但是我们认为熊市中的反弹不用积极参与，所以我们的仓位没加上去。

不过，中欧瑞博现在有很多研究员，这个月最值得配置的五家十家公司，研究员都会提前研究，随时备战，我可以半小时内锁定加仓的品种做出决策。

2013 年初，我们给自己定下当年投资的策略是聚焦最优秀的公司。研究员研究了各个行业，选了一批不错的成长股，但是一看估值都为 40 多倍，因此想等价格回落。后来再看，当时我们选的不少公司都成了大牛股，但是我们买的量不够。那以后碰到类似的问题怎么解决？于是我们提出了构建行业指数。比如说科技股构建一个指数，当必须进攻时，不论它是 40 倍还是 60 倍估值，都要买。

判断牛熊看这几个要点

好买： 您如何看待熊市和牛市背后的驱动因素？

吴伟志： 我早期是分析市场趋势的，几乎读遍了市场上能找到的技术投资的书籍，我想这方面很少有人比我读得还多。

牛市形成的机制是什么？第一，当估值足够便宜的时候，有长期投资资金入场，买最优秀的公司。第二，当最优秀的公司启动赚钱效应之后，赚钱效应引发场外的资金入场，推动股市进一步上涨。那么这个赚钱效应形成反馈，越来越多的资金入市，就变成了股市高潮。

牛市是最优秀的公司先涨，然后填平估值洼地，接下来是次优的公司涨，最后是最差的公司上涨。这个过程往往是分台阶完成的，最优秀的可能涨了 30% ~ 50% 或者更多，次优公司开始上涨，然后最差的上涨。

熊市的过程是相反的。**熊市在高位，有问题的、有瑕疵的公司先跌，会有亏股亏钱效应，同时把股指拉下来，最好的公司最后跌，**也就是说牛市形成机制和熊市形成机制是反向对称的。

据我们观察，一般货币放松是牛市的必要条件，它会滞后于最先领涨的板块，有赚钱效应，这通常是牛市开始时的特点。**牛熊形成的机理，其实跟基本面没有太多关系。**

好买： 牛市中通常会有调整，有时候调整可能会持续一两周，那怎么判断这是牛市中的调整还是熊市的开始？万一判断错误怎么办？

吴伟志： 我经常说，做投资要具备两种能力，一种是找到好行业、好公司的能力；另一种是识别趋势和杂音的能力。

我们说一年有春夏秋冬四季， 3 月初到 6 月底是一个从春天到夏天的过程，那么它的标志是什么？平均温度不断的抬升。那么在这个过程之中是不是明天的温度一定比今天高？不一定。股市也是这样子的，从底部的熊市起来，往牛市前进，真正懂市场的投资者能够识别什么是趋势什么是杂音。这个我认为是很重要的能力。

我们对牛市中每一次下跌定性，定性分为三种。

第一种下跌是小波动，下跌时间一般不超过两周，甚至一到两天就结束，下跌幅度一般在 5% 以内。这种情况下，由于市场跌幅不大，公司一般不会做出较大反应。

第二种下跌为中期调整，标准为下跌时间持续两周到三个月，下跌幅度为 10% ~20% 。若遇到中期调整，在调整的前三天，公司会完成相应的减仓动作，但减仓幅度一般小于牛熊拐点下的减仓，且最终保证投资仓位不低于五成。

第三种下跌为牛熊转换，如果在投资过程中一旦遇到，那么公司会在第一时间进行策略大转换，由进攻转为防守，不等反弹，直接斩掉一半仓位。

好买： 之前看过您的一个采访，其中您提到对牛熊转换的判断，主要从估值、政策、技术分析和情绪等指标来分析。在实际做决策的时候，这四个指标的比重是怎么样的?

吴伟志： 这些是我们的一个体系，每个阶段不同指标的权重是不一样的。单指标是不够的，要结合前一个月、前三个月、前五个月的情况，综合看这种趋势，其实并不难。

举个例子，比如牛市涨了一倍，大家觉得热了，但是不是需要卖股票呢？像 2013 年，指数从 1800 点涨到 2500 点，接着又到 3000，再到 4000。这个时候看估值就失效了,因为讨论的问题不再是现在是不是牛市，而应该讨论什么时候这个牛市泡沫会结束。在估值和基本面的基础上，要更换分析工具,要看政策层面，政策是不是开始打压了。而且政策刚开始打压的时候，它也不会轻易结束。在这个过程之中，政策打压是一个必要条件，你要开始倾听，情绪是否陷入疯狂。

技术指标体系则是更细的东西，比如估值贵，政策开始打压，情绪很高涨，这是什么概念？**这就好比堆满了火药的房间，很危险，但是一个房间堆满了火药，是不是一定会爆炸？不一定吧。**最后就是技术分析，指的是观察这个导火线的变化。所以技术分析是我们最后的分析工具。

在市场的上行过程之中，从乐观到开始有泡沫，再到泡沫很严重，到最后泡沫破裂，不同的阶段有不同的打法。有的人来得早，看到市场在3500点，觉得估值贵了就卖了，这麻烦了。不是说你卖完错了，而是你可能主观地认为3500点是一个顶部，就把股票卖完了，当市场从3500点涨到4500点，再涨到5000点，你很有可能按捺不住又冲进去。而我们的经验是，**过早地把股票卖空了，后期如果市场继续上涨，你的压力会很大，有可能会在高位进场，从而犯错。**所以后面的错误往往是前面错误造成。

当市场进入泡沫危险区，我们的方法是提高警戒级别，分批逐渐减仓。比如在3500点，首先我们会单向降仓位，但不会全部降完，可能从满仓慢慢降到七成仓，然后看看市场有没有崩溃的迹象，导火线有没有被点燃。

在下跌过程中也是一样，我们不大会在左侧就满仓，万一再往下跌20%怎么办？我们毕竟不是巴菲特，资金端我们是有压力的。

总体上，我们先看估值，然后看政策的态度，关注市场情绪，技术分析是最后的工具。

好买： 很多人都很崇尚巴菲特，有很多深度价值是买入持有策略。在您的投资框架中有趋势判断的维度，和别人还是很不一样的。您具体是怎么思考的？

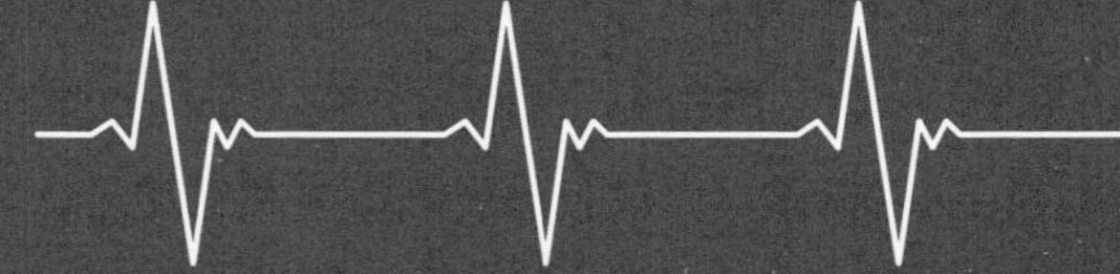

择时是为了保持好的心态

吴伟志： 巴菲特也不是不择时，只是他基本不做小择时。他的择时主要体现在现金和权益的配置上。市场狂热了，他会增加现金的配置。在金融危机最恐慌的时候，他会增加权益类的比例。

另外，为什么我们的择时频率会比巴菲特高？主要是因为我们的投资资金的性质、要求和巴菲特是完全不同的。巴菲特持有的是一个保险公司，负债端很清晰。而且巴菲特关注的不是基金净值，而是他的伯克希尔，这是一个投资型公司，不是基金。如果下跌 20%，他把手中的股票卖出去，那市场会跌得更多，这有冲击成本，与体量也有关。

是否择时，一方面与负债端资金性质有关，另一方面与规模有关，与能力有关。

客观来说，**我们做择时是为了保持一个好的投资节奏和心态。**其实，它带来的正收益更多还是负收益更多，我觉得并不是最重要的。重要的是，仓位高低会影响心态。如果市场在下跌中，满仓和七成仓，会很不一样。如果你满仓，可能会在市场最黑暗的时候，迫于压力减仓。如果你是七成仓位，下跌的时候还能再扛一会儿，不会从非基本面的角度斩仓。

不过，我们会从战略上淡化中级调整的择时，更多会在极端的情况做大择时。眼下我们三四十亿元的规模还能做中级别择时。如果是一个 1 000 亿元的公司，即使想做中级别的择时也做不了，这是根据不同规模的资金决定的。

策略适配的操作细则

好买： 您把市场分为春、夏、秋、冬四个阶段，而不同季节的策略不同，可否具体做一介绍？

吴伟志： A 股有如下几个阶段。一是底部震荡，其最大的特点是越震荡越绝望，它会不断强化亏了很多钱的投资人不卖就是错的观点，震荡持续的时间越长，越多人会将珍贵的股票换成现金离场。

此时正是熊末牛初的阶段，采取“春播”策略。**股市春季最大的特点是代表新经济的最优秀的公司会在市场还在底部震荡的时候逐步领涨，所以在这之前，要做的事是找到这些优秀的成长股，逐步地去“播种”。**春季适合平衡仓位，一般为 30%～70% 之间。

二是震荡向上的多头牛市行情，这个时候适合持股不动，即使是资质很一般的价值股，靠市场估值的提升，也能赚两倍。此时股市处于牛市中期，策略上采取“夏种”，填平估值洼地。

盛夏，不同的庄稼有着不同的生长周期，不会在同一天成熟，所谓一花一世界。部分早熟品种到了要收获的季节，有些品种正处于疯狂生长阶段,还有些后周期的品种在地里刚刚冒出了芽儿。此时，要看紧挂果丰硕的品种逐步收获，播种应季的品种。夏季适合进攻型仓位，一般为 70% 及以上。

三是**泡沫区的高位震荡，最大的特征是投资者的信心越来越强，多数业余投资者在这个阶段入场，把钱换成股票，震荡时间越长，越多人入场，这个时候最好的策略是逐步变现离场。**

此时股市处于牛末熊初，策略上对应的是“秋收”。秋季，天气渐渐转凉，也许还会有那么几天温度比较高，但是已不再是夏季了。有经验的农民也很难准确预测庄稼会具体在哪一天开镰，但他却从来没有让庄稼烂在地里。对于股市来说，是时候落袋为安了，及时收获，不可恋战，可以用小资金继续参与，控制仓位，随时准备着舞曲结束终场。仓位适合从满仓回到 30%～70%，逐步降低。

四是**震荡下行，策略以防守为主，低仓位**，有把握就赚，没有把握就放弃操作。

此时股市处于熊市中期，策略上要“冬藏”。冬季是股市循环必须要经历的一个阶段，市场情绪非常低落，参与度极低，偶有反弹切莫以为是反转，有点盈利一定要及时落袋为安，不可贪心。同时也要夯实研究，挖掘未来有投资价值的标的，总会有种子发芽、生长，只是时间问题，所以到了要为“春播”做准备的时候了。

好买： 您之前把股票分为三种类型—树、粮和草。成长股像树，价值股像粮食，主题、趋势投资像菜。不同时间段来看，树和粮会转换，那具体如何来区分树和粮？按照行业、商业模式抑或是什么标准？另外在这三类股票上，您怎么进行仓位分配？

吴伟志： 我们相对更喜欢树，有一些行业可能更容易诞生“树”，如消费医药科技，这一类有行业壁垒，是我们优先选择的方向。

在我们看来，成长股有两类，一类是传统行业的成长股，一类是新经济的成长股。这两类成长股的投资逻辑是完全不一样的。比如说**在一个传统行业中选择成长股，关注的重点是企业份额提升。**在行业总存量不变的情况下，通过提高市场份额，有些企业的收入可以有大幅增长，如格力、沃尔玛等。还有**新经济市场模式下的成长股，比如脸书、阿里巴巴等，这类成长股的投资逻辑主要是看行业蛋糕是否变大。**这两类成长股，我们都喜欢。

我们主要投资于树，粮会选择性投资，草基本上不投资。如果选到了好的树，定性和估值我们都喜欢，我们肯定会选树。当找不到符合要求的树，而市场又有机会，那么我们会积极参与粮。有些时候粮也会成为主角。比如 2016 年到 2018 年的市场，粮就成为主角。过去我们在粮方面的研究较少，这两年也补上来了。

资金结构性分配方面，不同的阶段会有所调整。举个例子， 2016 年到 2018 年期间，虽然我们一直喜欢树，但我们提高了粮的比例。 2017 年我们大概是这样平衡的：粮一半树一半。到 2018 年之后，就三七开，七成资金一定要放在树上，三成的资金可以放在有群众基础的粮上。

好买： 按照您刚才说的，您对成长股、对树的理解主要从量增长的维度来看，但如果量不太增长，价格增长或者是通过费用控制来实现增长，这些增长维度您怎么看?

吴伟志： 你说得非常好,这些也是非常好的成长维度。客观讲，过去我们对这些维度的重视度没有对量维度的重视高，所以我们也吃了一些小亏。在完善成长股体系的过程中，我们对这方面加强了重视。

比如空调行业，美的、格力股价大涨的时候并不是行业量快速增长的时候，恰恰是行业量增速变慢、竞争放缓的阶段，它们通过降低费用率，实现了利润率快速提升。我们也承认这是很好的市场逻辑，而且是效率最高的阶段，现在的啤酒有点像空调的这个阶段。啤酒行业过去竞争很激烈，经营好的行业龙头才七八个点的净利润率，差的只有两三个点。未来通过持续提价，利润可能会提上来。

随着规模的扩大，我们也在不断完善自己，对成长股的偏好已经不仅仅局限于早期的模式。价增长的逻辑其实是偏价值成长，更偏价值型，而且这种公司一般市值较大，所以价值成长也是我们很喜欢的方向。

客观上讲，我们可能没有一个特别清晰完整的套路。当然我们可能更喜欢一些行业大的新经济类公司，如果这类公司的估值吸引力很大，那么肯定是我们的首选。

好买： 之前提的主要是成长股，您对周期股怎么看?

吴伟志：我们把周期股置于草和粮之间。中欧瑞博目前有四个研究小组，其中一个就是研究周期股的。

看周期股的话，不一定是从宏观出发，因为周期股在市场贝塔起来的时候，是非常好的，弹性最大。在市场下行的阶段，处于底部的时候，我们会远离贝塔类型的股票，比如周期股。但是在整个涨潮的时候，肯定是积极拥抱贝塔。

目前，周期股小组在研究上准备得还是很充分的，也就是说当我们确认市场拐点之后，就能马上行动。

好买： 您把股票分为 ABC 三个档次，股票池中 A 类不超过 30 个，具体有什么差别吗?

吴伟志： A 类公司就是商业模式好、行业空间大、行业壁垒高的公司。它们在行业里竞争力强，最终对业绩的测算也很可靠。 B 类公司是不会倒，但是快速增长也很难的公司； C 类公司是指行业向下、公司向下，或者有重大瑕疵、造假类的公司。

A 类其实就是偏树类公司， B 类偏粮， C 类偏草。从风控角度看，

A 类股票如果投资后允许补仓，用相对收益来考核。 B 类股票不允许补仓，用绝对收益来考核。 C 类股票预警和止损会更低。不同的风控设置主要由树、粮、草不同的特性决定。比如说 C 类股票，一些偏交易性的品种，本身就不适合长期投资，出手后，如果不符合预期，就必须及时纠错，这是种菜的规律。而 B 类有一定的投资价值，万一市场不配合，那就亏 10% 预警，亏 20% 止损。 A 类因为是树，长期看好，不会因为短暂的下跌就卖掉，主要看相对跌幅，如果比市场好就不大会止损。

好买： 您看好什么行业？

吴伟志： 我们看好新能源汽车，主要是上游原材料，其次是中游电池和正负极材料。**上游原材料领域有比较强的贝塔，情绪不好它会跌，情绪企稳了，它一定是弹性最好的。**

另外，我们还看好消费品，比如其中的化妆品。**国产化妆品在不断地升级，市场份额也会不断地提升。**以某国产化妆品牌公司为例，它在三、四、五线城市布局，渠道下沉，我们非常看好。过去小城镇的年轻人是不用化妆品的，但未来都会用，这个蛋糕会越来越大。一方面，像日韩的化妆品，在过去整个国民经济快速发展的过程中，在人均收入增长的过程中，很受国人的欢迎，但未来中国人也会有自己的品牌化妆品。另一方面，海外大品牌化妆品覆盖不了中低端需求，小城镇的年轻人用不起高端的大品牌。所以这是一块很大的蛋糕。

我们也比较看好轮胎行业，**中国以后也会出现像米其林这种领导性的企业，这个行业是稳定消耗品，轮胎也有一定技术含量。**为什么米其林的轮胎卖得比别人贵？软硬度适合，耐用度适合，这就是技术含量，它需要长期的研发投入。

我们看好的行业比较多，每个细分市场都会涌现出龙头企业，比如福耀玻璃。像油漆行业过去都是进口品牌主导，现在国产品牌也异军突起。

做长期正确的事情

好买： 在投资上，您信奉什么样的价值观？

吴伟志： 最近正好有新员工要入职，公司安排了培训，准备跟他们讲讲这个价值观的问题。

在我们看来，价值观很重要。聪明和智慧之间的区别在哪里？其实我们看到身边有很多同学非常聪明，学什么东西都很快，成绩也很好，那为什么最终的差距很大？这就是价值观决定的。

父亲对我说过一句话，让我印象非常深刻，他说，“人无远虑，必有近忧”，做事情不能只看眼前，要想长远一点。这很简单，但我觉得这是决定聪明和智慧的关键因素。

我经常告诫团队，**不要做短期舒服、长期错误的事。**现实中我们看到，大部分人都是反着来。究其原因，除了想走捷径外，大部分人是为了缓解焦虑，不做短期舒服的事情，内心会产生焦虑，怕自己和别人不一致会出错。

好买： 如果是做长期正确但短期可能会比较痛苦的事，您如何减少这种焦虑和痛苦？

吴伟志： 一开始这种痛苦确实很难受。但当你经历过几次，当你发现它的规律后就不会那么焦虑了。**因为焦虑与恐惧来自我们对规律本身的理解不够。为何我们每天傍晚看到太阳落山不会对太阳的离去感到恐慌？因为我们早已熟知日出日落的规律。**对于股市的规律，多数人懵懂无知，甚至不相信股市有规律，因此面对乱云飞渡的市场自然会一会儿悲观，一会儿亢奋，无所适从。

比如我第一次经历在底部区间震荡的时候，也是因为压力而感到恐惧，不减仓会很痛苦，但当坚持下来发现自己是对的时候，一次、两次后，第三次就会很心甘情愿地去坚持，因为知道未来会是什么样。

好买： 之前听说您比较喜欢打高尔夫，生活中还有别的爱好或者喜欢看什么书？

吴伟志： 我比较喜欢国学，过去几年经常听历史课，看《史记》《孙子兵法》等历史书，也看《道德经》等经典国学。《道德经》是一部讲述规律的书，如果对各种事物发展演变的规律能够参悟透，并在证券投资中加以掌握和利用，自然能做到灾祸远离、天下无难事。

现在最想学的是《易经》，我有一点小小的入门，等五道口一毕业，也会重新去听一些教授的讲座。

吴伟志投资金句

QUOTATION

❶ 成长股投资的最大风险是把一棵草当成树来种，无论你多么用心去种它，结果都是注定的，草是长不成树的。但你要是判断对了，收益就很大。

❷ 准确性肯定要多做研究，但也会错，所以我们对于流通性有要求。市值不大，流通性不好的，即便看好，总的投入仓位也不能太高。观察是否有可能犯错，如果实践证明没有错，才敢押上去。好的牛股也是不断试错试出来的。

❸ 虽然理性的价值投资者可以通过DDM模型给公司计算出一个合理的估值，但我们却从没有见到这家公司的股价会停留在这一位置上。正如钟摆一样，除非钟坏了，否则钟摆绝大多数时间都不静止在最合理的位置上。股价不是退潮时跌穿这一理性价格走向极端不理性的便宜，就是涨潮时向上穿越这一理性价格走向极端不理性的泡沫。这是规律，道法自然。

❹ 市场先生在熊市中反弹的目的就是把不坚定的投资人骗进来，而牛市中调整的目的就是把不坚定的投资人骗出去。为何坚持正确如此之难？主要原因就是杂音太多。不要为了追求完美，错失了正确！

❺ 同样做一件事，起心动念那一刻往往就决定了最终的命运，弄清楚你

内心深处究竟是出于何种动因去买？这非常重要！

如果起心动念是因为价值投资，那你在这笔投资中必须自始至终坚持完整的价值投资的方法论，不要等到股价高估有泡沫时，你说股价上涨趋势还没有结束不应该卖出。

如果起心动念是因为趋势投资，那你就必须严格遵守趋势投资的纪律，不要等到股价走势不符合预期时，忘记了趋势投资的初衷与纪律，说这是一家有价值的公司来为自己违反纪律找理由。

❻ 投资是一门实践的科学，跟体育运动一样。唯有长期的专业训练，才能将动作做到位。当机会站在你面前时，能否抓得住，不是知识层面的问题，而是心理层面的。

❼ 要成为一个优秀的投资人首先要“不迁怒，不贰过”，诚实面对投资，面对市场。“不迁怒”就是投资做不好一定要反思自己的原因，不要认为市场不理性，不要找其他原因。“不贰过”也非常重要，如果你能做到“不贰过”，纵使市场中有几百种错误，每年犯二十种错，十年以后就不会犯大的投资错误。

❽ 只有经过足够长的时间，犯足够多的错，才能抓住大的投资机会。对巴菲特、索罗斯而言，当一个机会放在他们面前的时候，他们会扑上去，因为他们已经见过很多次送钱的机会。

过去没有经历过的人，可能会错过投资机会，而第二次机会来临时则可能尝试参与，第三次机会来临时才会扑上去。会学习的人，经验和犯错是非常宝贵的。

❾ 当不知道什么事情是正确的时候，你首先要想清楚什么事情是错误的，知己知彼，百战不殆，胜不是我们自己可以掌握的，对手犯了错误你才有胜的机会，但不败是可以自己把握的。想在这样的市场当中赚大钱，实现这个目标之前，第一步先做到不犯大错误。

❿ 市场的力量是很强大的，一不小心犯了错误没有纠正，你可能就会被吃掉。英特尔前总裁格罗夫说过一句话，“永远战战兢兢，永远如履薄冰”，这在资本市场非常适用。

“Charlie，是一个好人。”这是在资管圈听朋友们说得最多的一句话。

好，首先是人缘好，从来不回避与客户沟通；

其次，是长期业绩好，做投资，最基本的好是为客户赚钱，一个业绩差的投资经理，无论如何不能称其为“好”；

最后，是不出格，是均衡，不为最先，但也不会落后，意在长远。如他上海人的温文尔雅，而又后劲十足。

世诚投资　陈家琳

胜利不在于打几个大胜仗，在于回避大失误

陈家琳

世诚投资　执行董事、投资研究部负责人

- 1992 年毕业于华东师范大学国际金融专业，2001 年取得香港大学 MBA 学位， 2002 年获得 CFA 证书, 同时也是中国注册会计师（CPA) 协会非执行会员。
- 曾先后供职于三和银行、嘉里证券、里昂证券公司、海富通基金管理公司等多家金融机构。在海富通基金管理公司的四年半，先后任股票分析师、股票研究负责人及股票投资负责人等职，是公司投资决策委员会的成员。曾担任知名 QFII 基金——富通“扬子”基金的基金经理。
- 2007 年 10 月创立世诚投资公司。

出身 QFII 基金经理，没有公募明星基金经理的光环，没有客户基础，11 年前，为了筹措开公司的钱，陈家琳卖掉了唯一的投资物业，开始了私募的艰辛创业历程。一个人，一间办公室，单枪匹马，但豪情万丈。

彼时，上证指数正一路狂奔，他心想“怎么也会到 10000 点吧”。结果，10000 点没来，倒是等来了 1000 多点。回忆过往，陈家琳笑说这是最差的“择时”。

2008 年 4 月 18 日，筹备了半年多时间，世诚投资管理的第一只私募产品正式成立，此时大盘已从 2007 年 6124 点的高位回落一半至 3000 点附近，事后才知道那距离最后的底部还有一个“腰斩”。未来会怎样，他无法预测，唯一可以确信的是，自己没有退路，只有一路勇往直前。

心之所向，素履以往。十年后，上证指数重回原点，世诚投资产品却为持有人带来丰厚的长期绝对收益，而此时的他亦已广为人知。

做私募以来，尽管陈家琳斩获了业内众多重量级奖项，但他却说：“我们的业绩不见得是市场上最出彩的，但希望能达成投资人的投资目标。”

私募行业机构众多，各自都有自己的生存之道。有的做平台化，有的做机构化，有的全球化投资，有的多类别覆盖，有的多策略并行，**陈家琳给世诚投资的定位是：聚焦团队深刻理解的行业和上市公司，只做 A 股多头策略，专注风险调整后的收益。**

作为一家私募机构的掌门人，陈家琳关注的不仅仅是投资本身，还包括对世诚长期可持续发展的思考，他说：“**最好的商业模式是建立在对投资人需求的充分理解基础上的。**”

把能力圈和客户期望值结合在一起，在能力圈深耕细作，这也是世诚投资在私募占据一席之地的根本。

治大国若烹小鲜

作为一家有着近 11 年历史的老牌私募，尽管业绩很优秀，世诚投资的规模却不像同期成立的同行那样有突飞猛进的发展。相比其他机构动辄百亿元的规模，世诚投资还不到 50 亿元。

为何如此呢？平时经常读世诚投资月报（据说那是市场上最受欢迎的私募月报之一）的投资者可能会有所发现。

2015 年 4 月， A 股高歌猛进，大部分人沉浸在牛市的喜悦中。对于私募来说，这正是扩充规模的好时机，事实也是如此，不少私募借势而起。陈家琳在当时的月报中，开头第一句话就毫不避忌地说："现在是时候谈论风险了，至少是短期的风险。"

在好买基金研究中心对世诚投资进行调研时，陈家琳曾说："**假如我们认为已经是阶段性高点，就不会去拼命募钱了，**我们希望帮投资者赚到钱，而多头策略在市场高点是难以满足多数投资人预期的。"

相比规模，陈家琳关注更多的是投资者的投资体验。这也源于他对自我能力的认知。

他认为，作为股票多头策略，如果在市场高位拿钱，未来投资者要承担的波动会很大，而且在大势面前，世诚难有百分百的把握在短期内把净值带到一个新的高位。对于投资人来说，在巨大的波动面前，他们很可能会在收益实现之前就提前离开，最后的结果就是实实在在的亏损。无疑，这对于投资者和私募机构来说，是一个双输的结果。

这让人想起 2018 年 9 月初的时候，但斌在微博上讲的一个关于陈光明的事迹。 2017 年白马股一飞冲天，东方红的业绩非常好，不少投资者慕名而来。陈光明说，2017年底，他们募集了178亿元，他退回了158亿元，只要了20亿元。他不追求规模，希望做精。

对于优秀的基金经理来说，他们都有个共同的准则——投资不能犯大错。

陈家琳认为私募基金坚持原则非常重要。翻看过往的采访，他有句非常经典的语录："积小胜为大胜，长期投资中累积绝对收益和相对收益，不在于打了几个大胜仗，而在于到底回避了几次大的失误。"

某种程度上，世诚投资业绩和规模的不相称，是在清楚认知自我后的温火慢炖。**回看世诚的产品确实呈现出这种特质——不去博一时的高收益，虽然短期业绩并不"亮瞎眼"，但积累的长期收益却很惊人。**

根据好买基金研究中心的数据，截至2018年7月底，世诚投资旗舰产品一年期业绩排在市场前1/3，两年期业绩进入前1/4, 五年期业绩进入前1/10, 十年期业绩排名就更为靠前了，而能存活这么久的私募产品并不多。

显然，世诚的产品和那些动辄一年翻倍的私募不一样，和那些希望通过承担短期波动来换取长期高收益的私募做法也不大一样。那么，世诚要做的是什么样的私募?

追求风险调整后的相对收益

做私募怎样才能活得长久? 这个问题陈家琳想得很清楚。

他非常认同桥水基金的一点就是"把完成投资人的投资目标作为投资管理的出发点和终点"。简单来说，**投资管理并不是简单地展示自己的才能，而是要深刻理解投资人的风险收益偏好，并在自身能力范围内尽力完**

成投资人的投资目标。

资产管理市场很大，投资者是分层的，每一层的用户体量都很大，通常高收益也对应着高波动，但不是所有投资者都能承受高波动，陈家琳认为世诚只要服务好某一类客户就能长存。

假如将股票型基金的风险划分为低风险、中低风险、中风险、中高风险、高风险五个等级，同时也将收益做类似的划分。很多私募管理人选择做的是高风险、高收益的产品，而陈家琳选择的是中等风险以下、中高收益以上的产品类型。

如果投资人承担了较大的波动，平均一年只有 5%左右的收益，那还不如去买波动率低的银行理财产品；而如果每年都要去博超高的收益率，这意味着产品波动很大，有不少人可能会“中途下车”，能够分享到最终投资收益的人很少。

所以，基金行业一直有个普遍现象：明明基金赚钱了，投资人却没赚到钱。

陈家琳把短期波动的控制看得比较重要，世诚更想要赚的是风险调整后的相对收益。所以，大多数私募机构都会说自己是追求绝对收益的，陈家琳却是个例外，他不止一次说过，“相比绝对收益，我们更重看相对收益。”**“我们觉得绝对收益是天经地义的，不需要去强调的，我们要做的是怎样比市场更好一些。”**

陈家琳对此有过阐述，“我们在过去一直做得不错，平均比市场好15%~ 20%。私募基金一定要追求绝对收益，客户的保值增值，但我们不把它看成一个目标，这是自然而然的结果，只要选择一个不太差的时机进入市场，而且时间足够长，表现比市场好，一定是一个正收益。”

世诚投资内部做过一个统计：以 2008 年最早成立的产品来分析，产品每个月开放一次，总共 100 多个净值数据，投资者任意一个时间点买入持有 12 个月，发生亏损的概率大概是 15%。持有两年，发生亏损的概率就降到了个位数，而持有三年，发生亏损的概率就降到零。

外界经常把绝对收益和相对收益对立起来，其实关键是要看以多长的周期来衡量。如果从短期看，相对收益和绝对收益似乎是矛盾的。但从长期看，相对收益一直做得好的私募长期绝对收益一样会优异。

重点在于组合的均衡配置

怎么获得风险调整后的超额收益呢？主要体现在陈家琳的组合构建上。陈家琳的投资呈现出两个特点——聚焦和均衡。

“聚焦”指的是在研究上集中火力，深入挖掘高性价比个股，用来提高收益。所谓性价比高，也就是说这个股票能够满足构建投资组合的要求，既能满足收益率要求又不会过多增加组合的波动。换言之，潜在涨幅并不是唯一的择股标准，因为这类股票通常有更大的不确定性，在没有实现收益之前，较高的波动让机构投资人很难坚持下去。

“均衡”指的是从研究转化到投资上时，均衡配置，可以降低波动。比如在组合构建上，他会配置大比例的低风险偏好个股，再加上少量的高风险偏好个股。低风险偏好的个股主要指的是可以通过看估值、看业绩、看基本面来判断投资价值的股票。这类股票只要研究透彻，很多时候都可以逆向投资。而高风险偏好的个股更多偏主题投资，这类股票短期内很难看到一些非常明确的利润释放，涨跌更多是情绪因素导致的，短期的爆发力强。投资这类股票，更多是一种博弈，顺势而为。

不同风险偏好个股的组合搭配，意味着陈家琳在基于股票潜在收益空间和潜在所需时间上做出的权衡。

除此之外，陈家琳的“均衡”特性还体现在组合的仓位上。**尽管他的观点有时很鲜明，但是展现在仓位上却相对柔和，不同于一些私募大开大合的仓位，他很少有满仓或者空仓的时候，即使在 2015 年的极端行情下。**

摘取一段《中国基金报》在 2015 年 12 月对陈家琳专访报道中的一段话，可以印证这点。

“在今年 4 月，陈家琳就已意识到风险，当时对客户讲的最重要的话就是风险，至少是短期风险。但是，作为专业投资者，陈家琳当时并未马上大幅度减仓，而是‘让子弹再飞一会’。这一‘飞’就跨过了一个月的时间，在 5 月下旬，陈家琳将仓位大幅降低，‘我们历史最低的仓位也是在今年出现，大约五成。’”

这就不难理解在 2017 年，陈家琳再怎么调整也不会把所有的仓位都集中在白马、龙头等权重股上，这是他尽力避免的事情。所以，我们会看到，虽然世诚长期净值曲线漂亮，但短期收益并不算最亮眼。

投资是个连续的过程，没有办法完全割裂，今天的思维和行动影响着未来的思维和行动。谁也不能保证最初的研究一定准确，于私募而言，万一仓位错了，就会面临不可承受的大错。

更为重要的是，仓位的高低会影响基金经理的投资心态。假设高仓位碰到市场下跌，同样的机会摆在面前，基金经理在经历净值大幅回撤后可能只能抓住一半的机会。而当基金经理慢慢养成了一个良好的投资交易习惯，大概率会带来源源不断的附加值。

赢在研究上的聚焦

做投资，知行合一尤为艰难，所以世诚投资的仓位比较均衡、平和。但降低波动显然不是私募的终极目标，创造收益才是根本。

根据世诚投资内部对历史操作的归因分析，择时占到约 10%，行业约 30%，个股则有 60%左右。陈家琳是怎么选择优质个股的？

在研究安排上，陈家琳的调研主要聚焦在长三角和北京一带。 A 股遍地黄金却也遍地陷阱，认清自己的能力圈很重要。很多时候增加选择并不一定能增加收益，在某个领域精耕细作要比广种薄收效果更好。

在具体个股判断上，陈家琳坚信价值投资的有效性，他非常注重企业的财务指标和治理结构。在治理结构上，他关注的是，这是否是一个平衡各个利益攸关方的制度安排，尤其在中小股东利益保护上。在财务指标上，陈家琳更注重现金流，因为现金流要造假比损益表更难，现金流也更能够反映一个公司的经营状况。考虑到短期财务指标容易受到操纵，世诚投资更希望找到一些上市时间比较长的公司，看其长期的财务指标。

之所以如此，和他之前的研究经历不无关系。陈家琳早期在外资证券公司做研究员，当时就非常强调基本面投资，会通过企业的治理结构和财务指标等各个方面进行综合评价。

和成熟市场相比， A 股市场还处于早期发展阶段。对于经历过资本市场混沌时期的陈家琳，其对企业这些方面的深入关注就不难理解了。

对于董事长和董秘的话，陈家琳不全信、不盲信，他会多渠道去验证，这更多依赖于深入全面的调研。世诚投资是业内公认的调研频率最高的私募基金管理团队之一，平均每人每年拜访上市公司近 200 家次。世诚投资会设置一个股票池，大约 100 个标的，绝大多数都是陈家琳自己调研过的公司。即使已有深入了解，世诚也持续保持着高频率的追踪。

可以说，价值投资是陈家琳选股的根本。不过，他也有自己灵活的部分，会根据对宏观和市场的判断，做一些思路方向上的微调。

过去十多年，中国股市经历了无数的起伏。2008 年暴跌，2009 年翻 1 倍，2010 年横盘，2011 年大小股齐跌，2012 年平衡市，2013 年到 2015 年是整个成长股的天下，2016 年和 2017 年价值股重回舞台，而 2018 年是对 2017 年的大幅修正。

2013 年到 2015 年，陈家琳判断宏观经济增速下滑，一些偏宏观的个股机会不大，而这样的公司主要分布在主板市场，因而相对中小板，主板就配置得稍微少一些。A 股市场变化多端，私募一般有自己适合的市场环境，而陈家琳却很少有觉得特别不适应的时候。这就在于他的灵活性。

研究上强调聚焦、专注、深入，这样即使在仓位上均衡些，收益也不会差到哪儿去。

一切源于经历

选择做较低波动、较高收益的产品，通过短期相对收益累积长期绝对收益，在投资业绩和规模增长上徐徐前行，陈家琳这种稳扎稳打的风格和之前的经历有关。

2016 年他曾在接受媒体采访时，说过一段这样的话：

“我在基金公司工作的那几年，正好赶上公募基金爆发式的增长，行业管理规模从几千亿元变成 3 万亿元（从 2002 年底的 1 205 亿元增长到 2007 年底的 3.28 万亿元——编者注），但其实后来也出现了一些问题，很大一部分原因就在于基金公司内部的管理能力跟不上行业爆发式增长的节奏和速度。所以等到我自己出来做私募基金，首先就把风控、合规放在了一个很重要的位置，我们想要获得的是一种持续性的发展。对于股票市场投资也一样。俗话说‘欲速则不达’，长期稳定的可持续发展才是一种健康的形态。”

陈家琳不像一些私募一样彪悍狂野、锋利尖锐，一如他的产品净值曲线，温和平滑却可以细水长流。

回看他的成长经历，系统化研究方法的形成也是一路稳扎稳打——从小就有金融理财意识，也很早就树立了学金融的目标。 1992 年从华东师大国际金融专业毕业后，他先是到银行工作了三年，后转入外资证券公司，再到合资基金管理公司，同时研究投资的覆盖领域也从境外 H 股、红筹股转向境内 A 股，一路从券商研究员到 QFII 基金经理再到创办世诚投资，他完整经历了中国资本市场的发展和变迁，见证过机构投资者从坐庄模式向组合投资、从操纵市场到关注基本面研究的转变。

由此，他形成了对 A 股市场的规律、特征和基本面研究的深刻理解。

作为私募基金经理，他的成长没有惊心动魄的故事。瞄准了时代前进的方向，再加上个人兴趣、个人努力，一切都自然而然地水到渠成。

鲶鱼凶猛，也只能栖居在淡水。古老的中华鲟却能游刃有余地应对长江水系，它每年从东海回游到金沙江，尝过不同水域的每种冷暖咸淡。陈家琳大概就是这样，没有特别偏爱的板块，没有特别不适应的环境，不极端、不凶悍，步步为营，稳扎稳打，如此长存。

世诚投资团队成员

- 上海世诚投资管理有限公司（以下简称“世诚投资”）是国内投资能力较强的专业化私募投资管理人之一。公司于 2007 年 10 月成立于上海浦东陆家嘴金融贸易区， 2014 年 3 月 17 日成为首批获中国证券投资基金业协会授牌的私募投资基金管理人之一，现已成功发行数十款私募基金产品。

- 世诚投资的投研团队由多位经验丰富的专业人士组成，包括 5 位 CFA（特许金融分析师）持证人，多位 CFA candidates。

- 该团队在中国资本市场上拥有丰富经验，历经牛熊市考验和磨砺。公司研究涵盖了产业链的上、中、下游，特别关注长三角的民营企业，重点关注“高质量”且“高成长”的公司。

（数据来源：好买基金研究中心。数据截至 2019 年 3 月 19 日）

对话

DIALOGUE
世诚投资 陈家琳

如果能够预见市场的挑战，

绝大多数人都会在原地不动。

访谈时间： 2018 年 7 月

没有人能随随便便成功

好买： 您早期是怎么进入证券行业的？如何一步步走上基金经理岗位的？

陈家琳： 我很早就想学金融。**从小对银行感兴趣，小时候办了个小额的储蓄账户，经常往银行跑。**

1988年那年，我考大学，当时不是每个学校都开设金融专业。我家在上海，上海这边只有两个学校有金融专业，复旦大学和华东师大，我考了华东师大。华东师大是中国第一个拥有金融院系的大学，其金融系由我国最早一批留学经济学家、我国金融研究的开创者陈彪如所创立，而陈彪如师从芝加哥学派代表人物——米尔顿·弗里德曼，和南开的钱荣堃并称“南陈北钱”。

1992年3月，A股市场刚刚起步，上海《新民晚报》头版头条发文介绍校园的炒股一族，报道的就是我们班级的事情。整个学校只有金融专业接触股票。那个时候市场比较小，还是老八股的时代，毕业之后才有了认购证一说，买新股。

不过当时大家对股票市场并没什么概念，班级40人，有30人毕业之后选择去了银行。曾经有个上海本地的证券公司到学校招人，要招10个，最后只去了4个。银行是当时就业市场绝对的老大。我也随大流选择了银行，在银行担任客户经理，对公的业务基本都做过。当时银行太赚钱了，我在那边学外汇银行会计，那个时候外汇之间不能直接兑换，外币都先要换成人民币，等于要换两次，两笔会计分录一做，银行 2.5% 的手续费赚好了。

1992 年，中国金融市场开始逐步有序地对外资开放，先从商业银行开始，之后陆续扩展到保险、投资银行、基金公司。在银行工作了三年，1995 年，我才转行到外资证券公司——嘉里证券。今天大家对它知之不多，但那个年代嘉里证券非常有名，它在中国股票研究尤其是红筹股研究上十分有特色。那时，我算是正式步入证券行业了。

我在嘉里证券做了两年的行业和公司研究， 1996 年底，转去了里昂证券。这是较早进入中国的外资券商之一，它当时是中国股票研究的第一品牌，从 1997 年到 2003 年，每年卖方研究 IAIR 评选中，里昂证券在中国股票的研究上基本都名列第一,像美林、美银、大摩等都只能争取第二。在里昂证券工作期间，我考取了香港大学 MBA，也取得了美国 CFA 资格。

正是在那个时候我打下了比较好的研究基础，形成了领先的、完善的和系统化的思维框架。那是真正基于基本面研究的方法，直到现在这些方法还在加以应用。比如最近五年国内有人开始重视上市公司治理结构问题，但其实 20 年前我们做公司研究时就非常注重，当时有个表格，表格里面罗列了几十个问题，专门针对上市公司治理结构来打分，如果公司治理结构得分不合格，就没法评级推荐。

2003 年，外资券商还被限定只能做境外业务， H 股、红筹股和 B 股，不能做 A 股。当时的 A 股在经历了庄股崩盘、操纵市场的模式破裂后，正在寻找新的方向。我觉得 A 股慢慢起来了，就做了个转型,从境外证券公司转到境内的基金公司,加入了刚刚成立的中外合资基金公司——海富通基金。

机缘巧合，公司正好要发行一只 QFII 的基金，但是当时没有人去路演，就找到我,没人做基金经理，我就变成基金经理。从 2004 年第四季度管理到 2007 年第三季度，恰逢一轮波澜壮阔的超级大牛市，上证综指从 1000 点涨到 6000 点，我们这只产品净值除了 2007 年“5・30”的时候有些调整，后面几乎是一路上扬。

好买： 2004 年，您开始在海富通管理 QFII 基金， 2007 年刚好在 6000 点左右转身离开，去创业，当时是预见到市场的疯狂吗？

陈家琳： 我觉得市场很理性，我甚至觉得它可以继续涨到 10000 点。要是知道市场这么大泡沫，正常情况下，第一次创业的人不会选择这个时点。**如果能够预见市场的挑战，绝大多数人会在原地不动。**像 2015 年这批出来做私募的人，有的很成功，有的有挑战，有的在后悔，早知道从 5000 点跌到 2638 点，那还是在原来地方待着好了。

2007 年，创立世诚投资的时候，我比较乐观。因为之前做了三年投资，从 2004 年到 2007 年，那时候 A 股市场跟美国市场一样，一路向上，还没见过大风雨，直观觉得未来还会继续往上走，自己也就去试一下，一腔热情。没想到，10000 点没来，1000 点却很快到了，这是最差的择时。

好买： 十多年了，不少私募已经销声匿迹，世诚一直稳扎稳打发展到今天，为投资者创造了非常可观的收益。不过，跟同期的私募相比，世诚投资似乎并不太追求规模上的拓展，是有什么样的原因和考虑吗？

陈家琳： 2007年刚创业的时候，我们特别困难，最初也没法跟渠道合作。我卖掉了一套房子，用卖房所得开了公司，自己装修了办公室，之后才慢慢搭建起团队。

做私募之前，我管理的是QFII，这和公募基金经理不同。公募基金做得好，有光环、有掌声，出来再做私募的话，会有比较高的曝光度，而且做公募期间多少会跟渠道有过沟通对接。我出来的时候比较艰难，恰好又赶上了市场的调整。

刚开始的时候，我们的客户都是直销客户，都是身边的朋友、同学等信赖我们的人才敢把钱交给我们管理，所以初期募集的起步资金非常有限，也没有与外面的渠道合作。世诚与外面的渠道合作是从2013年才开始的。初期，我们之所以迟迟没跟渠道合作，主要是因为觉得自己还没有做好万全的准备，所以相对谨慎些。

我清楚地记得，2008年4月18日我们第一只产品发行成立的时候，当时股市从6000多点跌下来，那天跌到了3095点，市场太惨了。2008年，我们产品也跌了20%。期间，我有个同事离开了，我们之前是海富通基金的同事。他说："算了，我还是回公募吧。"而我没有选择的余地，只能往前走。那个时候我在思考，假设未来三年公司没有收入，这个公司还做不做得下去。为了生存下来，我们全面收缩，收入、运营都做了非常严格的预算。**2008年过去了，我们已经烧掉了一些钱，而收入在哪里还不知道。但是，我有个想法：只要不是最最困难的时候，还是希望往前再多走几步。**

所以，刚开始是自身生存困难，没考虑太多与外界的合作，只想着先把业绩做上去，先活下来。之后我们规模稳步增长，不过现在也不算特别高。这是一方面的原因。

另外也确实是因为我们对市场业务不够重视。我们之前都没有专门的人负责渠道和市场，跟渠道对接的同事也主要是做渠道后续维护和资料规整的工作。最近我们请来一位新同事，他原来在公募基金做副总，分管市场这一块，做了十多年了，我们也是希望借助他的经验和资源，把世诚投资能够往上再带一层楼。

但是我要强调一点，募集资金方面我们还是比较有纪律的。我们是真正把客户的利益放在第一位。过去，当市场处于相对高位时，我们在募集方面总体会比较谨慎。因为做到现在，包括到可预见的将来，我们还是主要以股票多头策略为主。这个策略如果是在市场的高位拿了钱，到底投好还是不投好？而且我们没有那个本事，在市场系统性下跌的时候，净值还能够逆势上涨，可能个别的月份有这种可能性。但是，拉长周期看，几乎没有这种可能性。市场普跌 20%，你还逆势往上走，这不可能。所以，**当判断市场处于一个相对高位的时候，我们在募集上会很谨慎。**像 2015 年 4 月，我们在写策略报告的时候，我记得第一句话就是：是时候讲讲风险了，至少是短期的风险。

当然，这种做法可能让我们在市场比较好或自己短期业绩比较好的时候，错失一些扩大规模的机会，但是我觉得这并不可惜。因为你跟客户是一个利益共同体，唯有帮客户赚到钱，你公司才能赚到钱。

“知行合一”其实很难

好买： 读过您的月报，观点都很挺鲜明，但反映在投资执行和仓位管理上就显得相对柔和，为什么会这样呢?

陈家琳： 这一方面可能跟性格有关系。另一方面，对于私募基金而言，有的时候还是要保守一些，主要考虑到私募确实无法承受犯大错误的代价，你可以犯小的错误，但是你在仓位方面或者行业布局方面犯大错误的话，结果会比较极端。如果判断对的话，收益会很高，但一旦错的话，有可能会让你完全出局。我们要避免这样的事情发生，所以我们的投资组合相对会均衡一些，相比我们对市场和行业的判断，组合会稍微收敛一点，不会做得那么极端。

当然我们也会判断失误，比如 2018 年 6 月的月报中，开头的第一句话是“还是低估了整个市场的熊性”。我们原先认为 2018 年的低点会在 5 月底出现，没想到 6 月的跌幅反而是创纪录的，当然我们也为这个误判付出了代价。

跟仓位相比，赛道更加重要，行业板块布局得好就无所谓仓位高低。但是仓位高低也应重视，因为它会影响你的投资心态，比如仓位很高的时候首次遭遇市场下跌，心态可能还好一些，可以期待抓住后续反弹的机会。但是如果已经面临一些回撤了，后续同样的机会放在面前，你可能只能抓住百分之五六十。

人有时候会被一个短期的运气迷惑，误以为是自己的实力，是个大概率事件，但实际上只是暂时的运气，是个小概率。但如果后续按照这样的方式操做，就可能要吃大亏。私募还是希望避免犯大错，尽量让投资做得更加持续。

另外，我深有体会，投资要做到“知行合一”不是件容易的事情。**想要把研究和交易、投资无缝对接起来，是非常困难的。**散户不容易，其实机构也是如此。

好买： 过去哪段时间或者说什么样的行情比较适合您的投资风格？哪些环境下会做得不太顺？

陈家琳： 其实过去五六年都还可以，市场本身有很大调整，但是我没有觉得哪段时间特别不适合做，可能有一小段不适合的时候，不过我没有特别留意，每个人心态不一样。我的想法是，**既然你主动选择了这个市场，那么就只能选择去接受，没有什么是可以抱怨的。**你不能说这个市场太不符合我的风格了，太不对我的路数了，所以我做不好。所以，要先想清楚这一点，如果大家是在同一条起跑线上，是公平的，就没有什么好抱怨的。

回到你刚才的问题，可能不顺是有的，只不过我们也许还好一些，因为我一直强调我们的投资组合相对比较均衡一点，没有特别极端，而且我们内部风控硬性的约束还是比较严的，任何一个因子、任何一个板块行业或者持有的权重，我们都有严格的设定。

好买： 您认为对投资来说，最重要的是什么？

陈家琳： 前面也提到了，知行合一很重要。“知”是“行”之始，“行”是“知”之终。有时候你确实知道，但你知道了又能怎样？是否有一个好的约束机制能够让你严格地按照你的想法落实到交易层面上？

有的时候，我们制定了一些个股的交易策略，但当遇到市场发生变化，就有可能偏离原先制定的投资计划。事后统计发现，很多时候，我们第一天就做错了。如果不回到原计划的轨道上来，过段时间，可能就会越错越离谱。抱着侥幸心理，你看它估值便宜了，跌了 5% 或者 7% ，那再买一点，过阵子跌 15% ，再过阵子跌 20% ，再过阵子跌 25% ，越跌越买，越买越跌。

其实，一定要牢记顺势而为，一定要有硬性的止损机制。**人永远有侥幸心理，都不愿意承认自己的短板，不愿意承认自己的错误，都觉得可能是市场错了，过阵子市场自然会纠错，心想再忍一忍，市场就会涨回去了。但是很多时候不是这样，一开始你就错了。**

所以，不仅要加强研究，还要考虑怎样使交易计划得到更加严格的执行。如果真的是严格执行既定的交易计划，最终出来的结果应该比实际出来的结果更好一些。只要稍微好一些，日积月累，差别就会慢慢体现出来。

投资是个反人性的过程，比如我们需要克服贪婪和恐惧。特别是在 A 股市场，长远看，只有少数人能够挣钱，因为交易成本比较高。

全年什么事都不做，如果指数不涨，平均每个账户会少 7% ，因为要交印花税、交易佣金，还有两融的利息支出等，产品还有固定管理费以及提成，这些都是从这个市场中净漏出的。所以，是投资者，特别是交易的流通市值投资者，他们承担了这个损失。

在这个市场里，大部分时间都是反人性的，而且是持续的反人性，这是一个漫长的过程。所以，做投资要能够真正沉下心来，心态要好，不能太瞻前顾后、优柔寡断，要做到知行合一，当然可能严格执行会很难，但这是一个修行的过程。

做私募不能犯大错

好买： 大家都认为基金经理选股或者看公司看得准，而通常做择时都是做不准的，但世诚也会做仓位调整，那为什么做不好这些事还要去做?

陈家琳： 我相信，很多同行在仓位上的波动是超过我们的。他们的仓位可能在 50% ~ 100% 之间波动，甚至在 20% —100% 之间波动，我们更多是在 70%~ 85% 之间。

人很难心如止水，抵制住这个市场里面所有的诱惑。刚才我讲了知行合一很难。我今天跟你讲自主可控有机会，明天跟你讲信息安全，后天跟你讲数字中国，天天在那边讲，大部分人很难抵挡住这个诱惑，我承认我属于大部分人，也不见得完全能够免疫。这个诱惑可能会使得我们稍微增加一些这方面的布局或者投资。但是从权重角度来讲，它的权重还是比较有限的，因为我们还有个风险预算。它的权重低，但是它的弹性足，两项相乘的话，最后实际的风险暴露可能不见得低于组合中那些长期持有的但波动比较小的个股。

此外，基金经理也有道德风险。道德风险体现在方方面面，包括刚才举的这个例子。**你完全可以守住那些你最擅长的东西，但是有的时候，你守不住。**比如仓位，市场涨的时候还好，因为大家都是 90% 的仓位。但市场稍微一调整，不同的声音就来了，这个时候，你不能一直保持 90% 的仓位。

我经常做一个比喻，就像足球场上扑点球，守门员都挺能折腾的，不是扑左边就是扑右边，很少站在中间。但是你看昨天（2018 年 7 月 1 日——编者注）世界杯西班牙跟俄罗斯的比赛，如果守门员站在中间不动的话，后面两个球则全都能扑出来，因为都在中间。但是为什么守门员喜欢动？很简单的道理，就是道德风险。技术是一方面，但如果你不动的话，别人会骂你，“你动都没动，活该让别人进球。”你扑反了没关系，至少已经有所作为，而且点球被默认为就是应该进的。也就是说，你只要做出动作来，即使扑反了，也没人怪你。其实做投资，也是一样的道理。

好买： 我发现很多时候，就算你投资能力很高，也很难避免便宜变得更便宜的风险，那您怎么应对？

陈家琳： 以前有个实验， 0 ~ 100 随便报个数，谁报的数最接近平均数就获胜。最理性的答案应该是零。不同的教育背景和投资经验的人来做这个游戏，答案是不一样的。有的人会多想几层，数字就会越报越小，这个对我很有启发。

市场是充满博弈的，便宜确实可以更便宜，估值本身不是个充分条件，你总能碰到一次这样的情况。从概率方面来讲，且不说你二十年投资生涯里面，哪怕五年十年这么一个周期里面，你都会碰到至少一两次比较极端的情况。你觉得便宜了，它实际上没有。每次好买统计我们的波动，能够看到如果市场最后还有超乎预期的一跌的话，我们是没有办法完全幸免的。

但好在这些年下来，我们在股票仓位上没有大的做反过，所谓大的做反就是说你的仓位跟市场正好是完全相悖的，也就是说每次股市高位的时候你满仓，而股市低位感觉天要塌下来的时候，你却把股票卖得差不多了。这种大的做反一两次，就真的完了。这就是道德风险。

我们不希望犯这种大的错误，但自身能力又有限，那怎么办呢？那就跟着市场，波动小一些。我们最担心的是，组合里面大部分股票同时杀跌。通常，小股票涨、大股票调整，或者大股票涨、小股票调整，这些情形都还好，因为组合中算好了权重。不过，虽然我们在高波动的股票权重上不会很大，但最担心的就是市场上大小股票同时下跌，那真的是一点办法都没有。比如，过去一两周权重股狂跌，就要特别当心了。我们每天都有数值统计，正常情况下股票波动会是什么样的。因为这些权重股平时弹性没这么足，而最近这几个交易日，就连一些平时低波动的消费股都一下子出现了波动率的放大，这个时候有可能是一个拐点，也有可能再来一次致命一击。

所以我们在做投资研究的时候会更多地用数据来说话，让数据和系统在整个研究决策中扮演更大的角色，而不是简单地拍脑袋。**拍脑袋总要有经验之谈，但是拍脑袋的过程中，需要把数据放在面前，知道历史是怎么样的，什么是大概率事件，什么是小概率事件。**这样才能做到知行合一，心里也更有底。

另外，我们是做基本面投资的。对于绝大部分仓位来说，我们不是想着先做，然后等，实在不行的时候再卖，这不是我们的风格。我们今年年初到现在交易已经算蛮多了，大概是60%的换手率，平均一个月10%，跟去年差不多。但是今年这个行情不好说，如果不折腾，买任何一个风格基本上都是亏钱的，无非就是少亏点还是多亏点。但是如果折腾的话，公募基金里十个中有九个是越折腾越惨。

陈家琳投资金句

QUOTATION

❶ 价值投资应该从两个维度理解，一是投资者对标的真正的了解，要看穿真相、本质，太多公司在讲故事、做包装、弄题材、搭概念，这些东西都应该剥去伪装，直达本质。二是要考虑他人如何看待同一个标的和同一件事情，将一些预期、投资交易机会完全看透彻后，才可以谈真正的价值投资。

❷ 个人投资者作为一个群体来讲是弱势，这个是毫无疑问的，没有资金优势，没有信息优势，这个时候如果你还是一味追涨杀跌的话，输钱的概率更大一些，因为这是最容易被机构投资者利用的。

❸ 我相信要做好一件事，只能先做减法，聚焦自己擅长的地方，过往有优势和资源的领域。

❹ 所有付出都是一种积累，就像平时开车，肯定是从家到办公室这条路最熟。而到了一条陌生的路，即使是一条笔直的路，你也会小心小心再小心。有时你会出现变道的想法，但很多时候是无效变道，甚至会更慢。开车要尽可能看得远，做股票投资也一样，不能只看到眼前得失。

❺ 即使是一个坏掉的钟，一天也总会有两次时间是对的，但这些小众的投资会让盈利长期处于打水漂状态。

❻ 很多投资人会把择时、仓位管理放在一个很重要的位置。比如说对后市看好就满仓，甚至加杠杆，不看好就空仓或者只保留 10%的仓位，我不是说这种方法不好，但我们的仓位除非市场出现极端情况，基本上只会在 50%~ 80%这个范围波动。

❼ 择时可以对 99 次，但只要错一次，很可能就是致命的错误。

❽ 当我们调研评估一家上市公司给投资标的打分的时候，我们把这个公司的治理结构，特别是实控人背后的想法和精神，包括道德标准放在第一位。

❾ 积小胜为大胜，长期投资中累积绝对收益和相对收益，不在于打了几个大胜仗，而在于到底回避了几次大的失误。

❿ 投资，我们也看绝对收益，但更注重相对收益，因为绝对收益是天经地义的，我们要做的是怎么样比市场更好一些。

重阳投资成名于裘国根，但王庆的加入，为重阳注入了新的内容。

市场上为人熟知的重阳的投资理念有“三角钱买一元钱的东西”“价值接力”等。王庆成名于固定收益与宏观分析，他为重阳带来了配置新格局与敢于逆向的新的信心。

“重阳”，取自“九九重阳”，重即重复，阳即上升。人才的积累与方法论的上升，是长远实现复利、不断上升的最根本原因。

重阳投资　王庆

接受平庸才能迎来精彩

王庆

重阳投资　合伙人、总裁兼首席经济学家

- 美国马里兰大学经济学博士， 18 年金融从业经验。
- 曾先后担任国际货币基金组织经济学家、摩根士丹利大中华区首席经济学家、中国国际金融有限公司投资银行部执行负责人。
- 2013 年加入重阳投资。

作为国内老牌私募的代表， 2008 年转向阳光私募以来，管理自有资金出身的重阳投资和其他私募相比，有个鲜明的特点： 更注重风险控制，更重视绝对收益。

2008 年 9 月 5 日，大盘离见底仅一月有余，重阳首只阳光私募产品在熊市末期成立，低价给它提供了长期较高的确定性。十年时间，该产品取得了很可观的收益。业绩长期平稳增长的秘密是什么？重阳投资掌门人裘国根有句话可以概括，“牛市中获取超额收益固然重要，但更重要的是在熊市中守好胜果，并在平衡市中获取正常利润。”

回看重阳产品过往十年的业绩曲线，牛市中很少有极其凶猛的时候，熊市中反而表现得更好。截至 2018 年底，重阳最早的产品历经十年多时间历史回撤从未超过 30%， 2018 年全年当指数全线下挫，该产品仅微跌，在百亿私募中回撤相对较小。**正如“重阳”名字中所传达的寓意——重为复，阳为升，代表“复合增长，登高望远”。**这也恰是重阳“价值投资、绝对收益”投资理念的体现。

谨慎乐观： 投资第一要义是避免大亏

成立十年来，重阳投资看起来似乎有些“平淡无奇”。相比创始人裘国根身上的传奇色彩，重阳投资本身没有太多能博眼球的故事；相比其他私募大跌后迅速创新高带来的激动人心，重阳投资平稳上扬的净值曲线没有给外界太多的落差和期待；相比那些一年翻倍的私募黑马，重阳投资每年中等偏上的业绩排名一点也不性感。

不过，如很多长期征战在第一线的基金经理所说，“一年五倍者如过江之鲫，五年一倍者寥若辰星”，长期业绩优秀相比短期业绩出挑，难度更高。以重阳首只产品为例，观察成立以来的年度收益率①，有 6 年的收益率分布在 10%~ 40%之间，有 1 年的收益率近 100%（2009 年），有 4 年亏损幅度在 10%~ 20%之间。②

从数据上可以看出，**在高波动的 A 股市场，重阳产品年度收益率偶尔精彩，但大部分时候相对平庸，大亏的时候也很少。**

与此相应的是，梳理重阳投资 2008 年以来的年度策略报告观点，发现其一直秉承“谨慎乐观”的态度。从未旗帜鲜明地喊“大牛市”，更多关注结构性机会，有时还会提示风险。比如 2010 年的策略观点是：市场整体上既不像前期很多机构预测的那么乐观，也不会像目前很多投资者担心的那么悲观。 A 股不存在大的系统性风险，结构性风险却在加大。

2015 年牛市中, 重阳的操作更能体现这一特质。这一年，重阳投资所有产品平均收益率为 34%，中规中矩。不过，在 2015 年上半年壳资源被热炒，市场热火朝天时，重阳投资多头产品收益远远落后于指数，对冲产品更是惨淡，外界质疑其“业绩不如大妈”。

当年年初，裘国根在接受媒体采访时公开表示，“我们认为 A 股的投资机会是结构性而非系统性的，把握结构性投资机会的关键在于价值发现”。2015 年第一季度，当市场涨到 3500 点左右时，出于谨慎，重阳投资的组合配置侧重于防守，以低风险资产和风险收益比更优个股为主，同时逐步提高了对冲产品的套期保值比例，由此错过了二季度上涨带来的机会。

---

① 2008 年的收益率区间为 2008 年 9 月 5 日到 2008 年 12 月 31 日， 2018 年的收益率截止时间为 2018 年 11 月 30 日。

② 数据来源： 好买基金研究中心。

然而，后来泡沫的破裂证明了重阳坚持的正确性。2015 年 6 月后几轮暴跌中，当大多数投资者严重亏损时，重阳投资实现了逆袭，重阳多头代表产品 2015 年最大回撤还不到 9%，而同期沪深 300 高点回撤 45%。

裘国根认为投资是一路与风险的斗争，要时刻有危机意识，他有个形象的比喻："高尔夫比赛中的最后赢家不一定频现小鸟、老鹰，但切忌打爆，投资人也是如此。"在过往公开的演讲中，他反复提到自己心中投资的第一要义——避免大亏。那在投资中，重阳具体是如何做的呢?

绝对收益：从概率和收益率期望值来判断

"价值投资、绝对收益"是重阳的核心投资理念。

2003 年开始，重阳投资开始重视基本面研究。王庆说，从中长期来看，价值投资是比较确定的获得超额收益的方法，也是最有逻辑、风险最低的投资方法，即使在高波动的 A 股市场也不例外。然后在价值投资的基础上，降低基金的中短期波动和回撤，以此争取带给客户绝对收益的体验，体现在产品上希望符合中等偏低波动和中高收益的特征。为此，从组合构建到个股选择上，重阳投资都有自己的一套体系。

在组合构建上，重阳投资将风险防范置于首位，在此基础上兼顾组合的盈利空间和流动性。具体来说，其主要通过调整股票仓位和运用灵活对冲策略，控制基金产品净值波动和最大回撤。王庆表示："重阳投委会每季度至少开一次会讨论策略观点，确定仓位上下限，也会对行业集中度给出指引。在确定的仓位范围内，投资经理可以从股票池中选择标的。"

这是组合层面的波动控制方式，那么接下来怎么在个股投资上践行绝对收益、构建最优的风险收益比？重阳主要从预期收益率和逆向投资两方面考虑，利用价值投资接力法，赚确定性大的钱，赚上半场的钱。

具体来说，当面对多个排他性投资标的选择时，重阳会用期望收益率法来比较，选择收益率的数学期望值最大的标的。举个例子，假设针对股票 A 未来有三个情景模式，每个情景模式都有一个相应的概率和不同的预期收益率。将这三种情景下的收益率和概率的乘积求和就得到了股票 A 的期望收益率。用同样的方法计算出其他股票的期望收益率，最后再放在一起进行比较。在重阳内部，投资标的被分成了四大类型。

第一类，成功概率很高，成功后收益率中等；失败概率很低，失败后亏损率很低。

第二类，成功概率很低，成功后收益率很高；失败概率很高，失败后亏损率很高。

第三类，成功概率中等，成功后收益率很高；失败概率中等，失败后亏损率很低。

第四类，成功概率很高，成功后收益率很高；失败概率很低，失败后亏损率很低。

“重阳做投资，进入组合的股票肯定是第一、第三、第四类标的，如果发现了第四类机会，那就要重仓出击，两个脚往上站。”裘国根在内部分享时说。投确定性更大的标的，并长期坚持下去，胜率自然就高，绝对收益也高。

那么，通过期望值比较确定投资标的后，持有多久卖出呢？重阳投资提出了“价值投资接力法”，即投资标的达到预期收益后不要简单机械地长期持有，而是通过“接力”的方式换成另一个安全边际更大的投资标的。

也就是说，重阳前期对预期收益率的测算，在个股卖出上是一种指引。

平衡

好行业、好公司、好股票

不过，王庆说，实践中会根据动态的变化调整预期收益率，不会完全基于投资建议书，但这是一个框架思考的过程。

众所周知，一般价值投资的思路是买入并持有，然后伴随公司的成长。而重阳认为在一个高度信息化的时代，市场有效性越来越强，把价值投资简单地理解成长期投资是一个误区，接力法更符合 A 股市场的特点。裘国根说：**“重阳不简单梦想在一只股票上赚八倍，但通过‘接力’的方式先后在三只股票上赚一倍，同样可以达到赚八倍的效果，而且后者容易得多，现实得多，流动性也好得多。”**

除了算期望值来进行买卖决策外，重阳通常也会做逆向投资，在个股明显被高估或者被低估时做择时，买得早，卖得早。

不论是价值投资接力法还是逆向投资，这背后都反映了一点：**重阳要赚上半场的钱，不赚下半场的钱，尤其不赚最后一部分的钱。**这一理念的背后，有收益率的考虑，更多是风险的考虑。上半场和下半场的收益率即使是一样的，但风险肯定不一样。如果长期坚持“赚上半场的钱”，那么收益率一样的情况下，波动率则更小。

全面投研：价值投资离不开宏观中观分析

除了交易策略外，作为底层资产，投资标的本身的优劣也会显著影响组合的风险收益比。目前，重阳有一个涵盖 130 多只股票的核心池，一直在动态调整，研究员提出投资建议书，而想要进入池中的股票必须要有投委会的批准才能进入。那么，重阳对于好股票的审美标准是怎样的?

王庆说，好行业不一定有好股票，好公司不一定是好股票，主要是要

在好行业、好公司和好股票之间寻求平衡点，而更重要的是在这个平衡点股票的价格是否合适。比如，一些 PE、 VC 所投的独角兽都是好公司，但是一旦进入二级市场，它们可能不会成为好股票。因为其 IPO 的定价估值可能会非常高，透支了未来成长的空间。

重阳投资非常关注估值安全边际和流动性，在深度研究的基础上发现正预期差，从而进行有效逆向投资等。风险与收益是重阳投资判断投资机会的核心标准，它更看重企业以后的增长空间以及增长的确定性。基于这个预期，评估其价格与这种预期是否能合理匹配，自己现在愿意付多少钱去买。如果最终比较下来，觉得划算，就会将其纳入标的池。

这非常考验对一个公司及其股票估值深入的理解和评判。王庆认为，研究是不可割裂的，对一个公司深入的理解需要建立在对宏观、中观认识的基础上。重阳投资有战略研究部和行业研究部，战略研究部主要从事宏观研究，行业研究部从事具体标的研究。战略研究部有 4 名研究员，算是私募中的豪华配置。

如何挖掘好股票？重阳有个知名的“三四七八”投研分析框架。

“三”是指投资决策需建立在严谨清晰的逻辑和全面深入的实证之上，而且要对标的基本面进行动态跟踪。“四”是指宏观分析的落脚点。“七”是指落实到具体投资标的上的要素，“八”是指重阳宏观策略研究的“八跟踪”。

其中“四维度”的宏观研究是重阳非常重视的部分。重阳投资认为，影响权益等大类资产价格的因素纷繁复杂。在成熟市场，除盈利和利率这两个最基本的变量外，还要关注市场风险偏好的变化。我国资本市场新兴加转轨的特征明显，制度改革这一维度在分析资产价格走向中显得尤为重要。比如， 2015 年重阳没有做定增，没有做任何中小创，也没有新三

三部曲
严谨清晰的逻辑
全面深入的实证
及时有效的跟踪

四维度
盈利、利率、制度
和风险偏好

七要素
核心投资逻辑、行业分析、公司竞争力分析、财务分析及预测、估值比较分析、期望收益率匡算、主要风险提示

八跟踪
全球政经动态、全球宏观经济景气度、全球利率汇率及商品价格、全球热钱流向、境内市场政策与要闻、境内投资者群体行为、境内市场系统性及结构性投资机会和风险、境内大型机构大类资产配置动态

板，主要就是从制度方面加以考虑。“2012 年到 2015 年，驱动市场的因素不是宏观也不是微观基本面因素，而是套利。这个没有太高的技术含量，在任何商业发展和金融发展中，赚快钱的都不可持续。”王庆说。

投研框架中的“七要素”是指综合评价一个企业基本面的思考维度。比如，行业前景好非常重要，选中一个好的行业，即使是一般的公司也可能有很好的收益。不过，有时候不景气的行业中也会有一些好公司，如果该公司有独特的优势，能够实现其他公司无法实现的价值，也会是不错的标的。管理层的能力也很重要，这是决定公司长期发展方向的重要因素。还有公司治理的考察，良好的决策体系会降低公司运营中的决策错误风险。另外，财务情况、估值分析、对预期收益率的计算都是投资建议书的重要因素。

在重阳，不管是研究员还是投资经理，都会经常出去调研，掌握一手资料，调研对象不仅包括公司自身，还有从业人员、行业研究员、政策制定者和投资者等不同渠道的观点和认知。唯有足够了解投资标的，当它短期暴跌时，才不会慌张，才可以理性客观地做出正确的投资判断。**如果这种暴跌只是短期的市场交易性行为，并且公司的基本面没有发生明显变化，重阳会继续持有甚至会适当增加仓位。**

全面投研作为投资的第一道风控，重阳认为最重要的在于自下而上和自上而下分析的结论要可以印证，这需要反复比对达到一致。

从重阳的投资历史中可看出，每次牛市中，它都有清晰的思路和主线。比如 2006—2007 年的那次牛市，它的主线是券商、金融、地产，投资了吉林敖东（广发证券影子股）、长江电力、白云机场、招商银行、工商银行等，其中仓位最重的是万科 A。

对于寻找投资主线背后的逻辑，基金经理陈心曾说：**“如果这匹马是一匹好马，一个平庸的骑手也能取得好成绩；但如果这匹马是一匹烂马，再好的骑手也没有用。”**

重阳的 DNA：裘国根的个人实践

不论是中微观的投研分析框架，还是价值投资接力法以及收益率期望值算法，这一切都源于重阳创始人裘国根。了解他的成长经历，是深入认知重阳投资最好的切口。

裘国根的投资生涯始于中国人民大学。1987 年，他考入人大投资经济系，1991 年继续在本系攻读研究生。彼时，国内证券行业正处于萌芽期，在校的裘国根就主导发起了人大的证券协会，在校园内开始模拟股票交易，据说这是国内首个高校模拟股市的案例。

与此同时，他应老师邀请一起参与撰写《股票债券全书》。此书由经济研究所的博士吴晓求策划，金建栋主编，是中国第一部证券辞典，具有划时代意义。能参与这本书写作的人，大概都有非同寻常之处。在没有电脑和网络的时代，裘国根每天泡在图书馆里翻找资料，一个人完成了近100万字书稿。在大多数人还对股票懵懂无知时，裘国根已因此系统地掌握了证券投资的基本知识。相比收获的3万元稿费，这显然更为重要。

可以说，后来裘国根惊人的财富创造力离不开他在人大的学习成长，离不开他对投资的独特理解。

作为伴随中国股市一路成长的投资人，裘国根经历过A股发展的多个阶段。1991年到1995年的技术分析，1996年到2001年的微观基本面投资，2002年到2011年的宏观基本面投资，2012年到2015年的一、二级市场套利，2016年以来的立体化价值投资。**二十多年来，A股市场既有价值投资胜利的时刻，也有博弈占主导的时候。在这种土壤中成长起来的裘国根把价值投资理念和中国市场相结合，以价值投资理念选公司，但又不机械持有，更讲究投资性价比，**由此衍生出多种投资方法，如前文提到的价值接力法、期望值收益率法等，用来判断是否要投，什么时候投，什么时候退出。

人才是根基：重阳的学院气质

私募是个比拼智商、情商的行业，这里聚集了国内外顶尖大学的人才。重阳优秀业绩背后离不开投研团队，因为他们才是业绩核心的创造者。

根据好买基金研究中心 2018 年 8 月的调研，目前重阳投研团队有 30 多人，占公司全部人数的大约一半，包括 4 位投资经理、 14 位行业研究员、 4 位策略分析师和 8 名交易员。裘国根一直对优秀人才非常渴求，据参加过重阳投资面试的人讲，面试、笔试题由专门的命题组出题，董事长裘国根还会亲自把关，题目涵盖财经专业的经济、投资、金融、财务、数学，还有文史哲，以及法律、心理学等，而且笔试完还需要合伙人层层面试。

其实，从当前重阳投资投研团队核心成员的简历看，核心团队成员均毕业于中国人民大学。

<table>
<tr><th></th><th>1993</th><th>1995</th><th>1997</th><th>1999</th><th>2001</th><th>2003</th><th>2005</th><th>2007</th><th>2009</th><th>2011</th><th>2013</th><th>2015</th></tr>
<tr><td rowspan="2">裘国根
董事长
首席投资官</td><td colspan="2">君安证券</td><td colspan="3">衣马投资</td><td colspan="7">重阳投资</td></tr>
<tr><td colspan="2">1993—1995 年自营交易</td><td colspan="3">1996—2000 年职业投资</td><td colspan="7">2001—2007 年重阳投资有限公司
2008 年至今重阳投资管理股份有限公司</td></tr>
<tr><td rowspan="2">王庆
博士
总裁
首席经济学家</td><td colspan="3" rowspan="2"></td><td colspan="3">国际货币基金组织</td><td>美国银行</td><td colspan="2">摩根士丹利</td><td colspan="2">中金公司</td><td>重阳投资</td></tr>
<tr><td colspan="3">1999—2005 年经济学家</td><td>2005—2007 年宏观研究主管</td><td colspan="2">2007—2011 年董事总经理
首席经济学家</td><td colspan="2">2011—2013 年董事总经理</td><td>2013 年至今总裁</td></tr>
</table>

（续表）

<table>
<tr><th></th><th>1993</th><th>1995</th><th>1997</th><th>1999</th><th>2001</th><th>2003</th><th>2005</th><th>2007</th><th>2009</th><th>2011</th><th>2013</th><th>2015</th></tr>
<tr><td rowspan="2">陈心
CFA
联席首席投资官</td><td rowspan="2"></td><td>中航技</td><td>中金公司</td><td>MBA</td><td>John Deere</td><td>摩根士丹利</td><td>里昂证券</td><td>Plais-ance</td><td colspan="4">重阳投资</td></tr>
<tr><td>1994—1995年资金经理</td><td>1996—1998年资金经理</td><td>1998—2000年芝加哥大学</td><td>2001—2002年项目经理</td><td>2002—2003年分析师</td><td>2004—2006年分析师</td><td>2007—2008年基金经理</td><td colspan="4">2009年至今
基金经理，
联席首席投资官</td></tr>
<tr><td rowspan="2">贺建青
首席分析师</td><td colspan="7" rowspan="2"></td><td colspan="5">重阳投资</td></tr>
<tr><td colspan="5">2006年至今
行业分析师、首席分析师</td></tr>
</table>

资料来源：重阳投资，截止日期：2018年8月。

其中，王庆和裘国根是同一届同学，从人大毕业后求学美国马里兰大学，获得经济学博士学位，之后开始了其研究生涯，从IMF半市场半政策的研究到大摩市场化研究再到中金，王庆的研究越发接近实践。2013年随着私募的快速发展，对私募未来发展看好的王庆尊重并欣赏重阳的投资理念，离开中金加入重阳，将之前的研究经验运用到重阳的投资管理当中。

在裘国根看来，在当今投资世界里，价值投资有两大代表性流派，一是鼻祖巴菲特，二是耶鲁模式。前者相当程度上仰仗巴菲特的个人天分、超强的基本面判断能力、投资远见以及成功的商业模式（保险公司的资金来源长期稳定）。裘国根认为这不是轻易可以复制的，而耶鲁模式则依靠耶鲁背景下全面的精英团队，对基本面的判断上团队可能各有所长，相对来说投资更多元化，更能适应这个快速变化的时代。

重阳是较早达到百亿元规模的私募基金公司，但在过去几年全行业迅猛发展的过程中并没有急速扩张规模。这源于其从 2013 年开始实施的主动管控规模战略，这年裘国根在内部提出，“以客户利益为核心，做业绩驱动型公司”。裘国根主抓投研，从投研实力、合规和公司治理等方面修炼好内功。人才驱动业绩，业绩适配规模，这是一些基金经理和投资人经过 2015 年一年的业绩及规模疾风骤雨式的大涨大跌后，才体会到的东西。

重阳投资团队成员

- 2009 年 6 月，上海重阳投资管理股份有限公司（以下简称“重阳投资”）成立，目前已是业内存续 10 年以上的老牌私募，资管规模超百亿元。

- 重阳投资坚守价值投资、逆向投资，重视基本面选股，通过“价值投资接力法”构建风险收益比最佳的投资组合。投资策略的制定遵循以下路径：通过前瞻的宏观研究，自上而下进行大类资产配置；通过深入细致的行业和公司研究，自下而上挖掘投资标的；最终通过自上而下和自下而上的对接来验证投资策略的有效性。

（数据来源：好买基金研究中心。数据截至 2019 年 3 月 19 日）

对 话

DIALOGUE
重阳投资 王庆

挣上半场的钱，

不挣下半场的钱，

尤其不挣最后一部分的钱。

访谈时间： 2018 年 8 月

不要错过第三个“30 年”的机遇

好买： 2018 年大家对市场都很悲观，您认为 A 股牛市何时再现?

王庆： 我们不妨先回头看看中国走过的三个“30 年”。

第一个“30 年”是中华人民共和国成立以后到改革开放。这个阶段有些人因为“文革”的原因，对国家丧失信心，纷纷选择离开，后来发现自己错失了发财的机会。

第二个“30 年”是改革开放到 21 世纪初，国企改革加速，成功应对亚洲金融危机的挑战，有些人赚了点钱就出去了，又错过第二次发财的机会。

第三个“30 年”是 2010 年到 2040 年。现在比较困难，但前景会逐步明朗起来，对各个领域都将是一次大机会。**并且下一轮牛市可能会在 2020 年左右到来，不可能有 10 倍的机会，但两倍的机会还是大概率。**

为什么是 2020 年呢?

从 2015 年 6 月 15 日到现在，市场调整了 3 年，调整时间越长意味着离下一次大机会越近。这与整个经济发展的大周期有关，目前是第二个到第三个“30 年”的衔接阶段，面临很多不确定性，随着短期震荡慢慢过去，下一波机会就会看得更清楚。

大家对很多的问题，长期看是看得比较清楚的。其实拿中国和美国比，无非是我们转型过程中有很多问题，但是这些问题解决后，基本面应该是会往上走。

过去几年经济转型带来的不确定性增加，另外我们的资本市场本身也有问题，最大的问题就是过去几年影子银行推升了金融杠杆。刚性兑付的特殊理财产品吸引了大量资金，使得那些能够反映风险的资产受到投资人不公平的对待，这是股市不受欢迎的原因，因为它没有刚性兑付。随着监管的到位和刚兑的打破，未来对净值型产品、标准化产品一定是有利的。不过政策可能仍旧是进三步退两步，毕竟那么多违约项目已经让老百姓吸取教训，一步到位不可能。打破刚兑、资管新规、对外开放、港股通这些都是好事儿，需要一步一步来。

好买： 现阶段，该怎样做好投资呢？

王庆： A 股市场的发展可分为五个阶段。

第一阶段是 1991—1995 年，是技术分析阶段。

第二阶段是 1996—2001 年，是微观基本面投资。

第三阶段是 2002—2011 年，宏观基本面投资。

第四阶段是 2012—2015 年，一、二级市场套利时期。

2016 年随着制度因素的扭曲得以修正，中国股市进入一个新的阶段，即立体化的价值投资时代。怎么理解立体化价值投资？

第一阶段炒股就看图表，大家普遍把股票当成一个符号，看看图表、画画线。

第二阶段大家把符号和企业联系在一起，关注公司的财务报表，看它的营收、利润、现金流，等等。所以，基本面投资其实在 A 股发展的第二阶段就开始有了，但只是关注微观层面——上市公司。这一期间，我们经历了亚洲金融危机、加入 WTO 等这些宏观变化。进入第三个阶段，很多投资者开启了宏观钻研，那时候宏观因素开始成为影响股市最主要的因素。

遗憾的是 2012—2015 年期间，驱动市场的因素不是宏观也不是微观基本面因素，而是套利，主要就是中小创的外延式并购。当时重阳没有做定增，没有买任何中小创，也没有新三板投资。没做的原因说简单也很简单，说复杂也很复杂。简单说就是“那么贵，显然不合适”。投资是长跑，需要回归本质。**在所有的商业发展抑或金融发展中，我们发现盈利快的都难以持续。**

这个行业最终的本质是信用，你的资本不是资产管理规模，而是你的信用、口碑。市场一定不缺钱，缺的是让人信赖、让人尊敬的管理人。越是高净值客户对私募机构管理人这方面的特质越是看重。我们可以看到，国际上那些拥有几十年、上百年历史的大机构对合规、风控和品牌普遍非常重视。**重阳投资财务实力比较雄厚，对短期利益的追逐没有那么饥渴，所以表现出明显的风险厌恶偏好。**钱不是亏完的，很多其实是因为风控出了问题导致的。

现在是制度扭曲得以修正之后，回归投资本质、回归基本面研究的阶段，不过现在的基本面研究不能只看宏观或者微观，两边都得看。微观毫无疑问很重要。另外，宏观波动也在加大，利率市场化、汇率市场化、外资机构的涌入，在一个更复杂、多维的投资环境中，这些宏观因素拉长看，肯定还是会影响企业自身的。所以，必须自上而下和自下而上一起研究，寻找两者之间的印证才行。**如果试图给客户带来绝对收益的体验，就要关注客观因素，因为宏观因素波动起来可以持续两三年，这时能坚持的**

客户毕竟是少数。除非客户能接受，不然你就没有尽到受托义务，客户把钱交给你管理，实质上希望获得的是绝对收益的感受，但你并没有做到。

在中国投资不能简单复制巴菲特。巴菲特管理股东的钱，是实际自有的钱，股东可以买卖股票，但是不涉及资金流动性的冲击，没有申购赎回这个问题。而绝大多数私募都需要处理申购赎回的问题，像中国的高净值客户很多是每月赎回，甚至半个月。你扛得了下跌，客户不一定扛得了，所以巴菲特的模式无法复制。

价值投资在中国的实践

好买：具体来说，重阳是怎么做投资的呢？

王庆：重阳的投资理念有两句核心的话：价值投资、绝对收益。

坚持价值投资，中长期来看，在所有国家都能取得高收益，同时通过控制中短期波动和回撤来实现绝对收益。当然在中国，由于对冲工具有限，中国语境下的绝对收益更多是控制回撤。因此，在中国做绝对收益需要择时，因为A股波动性太大了，熨平波动必须要择时，才能给客户带来绝对收益。

目前私募基金2%管理费加上20%业绩提成的商业模式是从国外学来的。机械的价值投资在中短期带来过大的波动，这不是我们的商业模式想给客户带来的真正的体验。私募向客户收取这样的费用，就是要去提升客户体验。

过去几年，很多人对私募商业定价的理解是不准确的。这几年市场波动下来，对这个问题会越来越有更深的理解：私募是对阿尔法收费而不是贝塔。**但我们几千家私募赚的是贝塔的钱，这本质上是矛盾的，后续市场会解决这个问题。如果做不到物有所值，一定会被淘汰。**早在几年前，重阳就已经意识到这个问题，绝对收益才是行业长期发展的方向，这就是为什么我们对中短期回撤这么在乎的根本原因。当然，还有重阳基因的原因，重阳是管理自有资金出身，自有资金对绝对收益有更深刻的认识，这就决定了我们对绝对收益投资理念的追求。实际操作中，我们会在深度研究的基础上，选择逆向和指数对冲。

想要控制波动还需要研究宏观来进行仓位控制，像 2015 年上半年不做对冲仓位保护，那就不是绝对收益了。现在去降仓，也是有问题的。

从历史上看，重阳在大的波段择时上做得较好。投委会每季度至少开一次策略会，有时也会临时讨论，形成策略观点，对仓位上下限和行业集中性给出投资指引。基金经理在此仓位范围内，可以从公司核心股票池选择投资标的。目前重阳的核心股票池有 120~ 130 只股票，一直在动态调整，研究员需要对池中股票出具投资建议书，有些也会剔除一些。每一只入池的股票都需要投委会批准才能进入。

好买： 俗话说："会买的是徒弟，会卖的是师傅"。在调研中，我们了解到重阳每只个股的投资建议书都包含七个要素，其中一个要素是预期收益率。这个预期收益率对卖出有实质性指导意义吗？重阳具体怎么确定个股卖出时点？

王庆： 肯定是有指导意义的。对买入的个股来说，我们通常会先计算出一个预期收益率，把好、中、差三种情景的收益率和对应的概率相乘再加在一起，由此算出一个预期收益来。在个股卖出时点的判断上，预期收益率是一个指导。

但这不是机械的，实际操作中还要基于当时的情况做判断，不可能完全按照预期收益率。比如好的情景出现了，那么个股上涨幅度会超过预期收益率，因此预期收益率就会调整。这是一个动态变化的过程，不会完全基于投资建议书，但这是一个思考问题和框架分析的过程。

另外一点就是逆向投资，在大家疯狂买的时候就卖。低迷的时候，在不看好的标的中寻找被市场看错的标的进行分析，而在大家都发现它好，其价值被市场认可且被疯狂追逐时，就应该退出。买得早，卖得早。

重阳希望挣上半场的钱，不挣下半场的钱，尤其不挣最后一部分的钱。背后有收益率的考虑，更多还是风险的考虑。**即使上半场和下半场的收益率是一样的，但是风险肯定不一样。长期坚持这种做法，那么收益率相同的情况下，波动率却更小。**

众行者远

好买： 您曾先后在 IMF、美国银行、摩根士丹利做经济研究，后来又去中金投资银行部， 2013 年 4 月加盟重阳是基于什么样的考虑?

王庆： 我是做研究出身，在 IMF 工作的时候，算是半市场半政策研究，到摩根士丹利之后的研究更偏市场化，再到中金更接近前沿。因为在投行部门做 IPO、发债，接触企业较多，所以更容易了解微观层面。相比这些，私募作为买方，更接近实践，我可以把所有的研究经验转化为投资，将掌握的东西加以运用。

2013 年我加入重阳的时候，私募的整体规模还相对较小，但是从前瞻性判断，我觉得未来发展空间很大，其他国家的私募行业规模都很大，中国的私募行业未来也会做大。而重阳又是私募行业的领军者，投资理念很正能量、很正道，是很朴素的受人尊敬的资产管理公司，再加上我和裘国根先生是同一届同学，选择重阳也是比较自然的事。

好买： 重阳的投研团队有哪些特点？

王庆： 重阳有四位基金经理，裘国根、陈心、王明聪和王晓华。从投研团队结构上来讲，是新老结合。投委会的这几位成员都是中国人民大学毕业的，合规风控委员会主席汤进喜也是人大毕业的。基金经理中，像王明聪、王晓华是 2012 年重阳校招的应届毕业生，他们一步步从研究员做起，经过考量之后，公司拿出钱让他们管理。

这样的好处是成员的很多投资理念都是贯穿下来的，大家价值观都是一致的。除此之外，大家可以在统一的理念下，在投资标的的广度上有更多新的拓展。裘国根和陈心是老一代基金经理，而新一代可以在标的选择上有更大的拓展空间。各位基金经理的能力圈半径有些长一点有些短一点，在不改变理念的情况下，整体能力圈是在扩大的，这样公司就可以持续成长。

2012 年的时候，重阳招了十几个人，除了王晓华和王明聪外，现在还有八人在投研核心，他们中的优秀人才未来也会成为基金经理。2014 年，重阳又招了一批应届毕业生。很多成员都是公司内部培养，像 2006 年最早通过校招进入重阳的贺建青，现在已成为重阳的核心团队成员。

合格投资者要具有独立性、好奇心和诚实三个特点，这是重阳选人的主要标准。当然成绩好是前提，成绩好说明你知道每个阶段该干什么事情。另外，还得喜欢研究，喜欢思考。彼此契合，双向选择，这样投研团队会更稳定。大家作为一个团队，在一起做一件有意义的事情，这个时间会很长，相同的价值观下工作会更开心。

重阳很重视文化建设，强调五个文化要素：协作、分享、坦诚、谦逊、心胸开阔，甚至把这些要素印在员工的笔筒上。我们的下班时间是5点，6点办公室就没人了，但是大家回到家里会继续工作，因为研究永无止境，这些是终身受益的技能，自己成长和公司成长是一致的。我们对考核也是一丝不苟的，基金经理的考核很透明，绝对收益考核。当然这是能量化的，还有KPI性质的指标，比如晨会发言、过会的投资建议书数量、投资日记、投资周记以及各种反馈等，量化和主观评价相结合。

裘国根投资金句

QUOTATION

❶ 高尔夫比赛中的最后赢家不一定频现小鸟、老鹰，但切忌打爆。投资人也是如此，切忌打爆、大亏。

❷ 不要期待一鸣惊人。时间是私募行业最好的朋友。我们应保持平常心态，一步一步地积累。一鸣惊人很难长久，时间会检验一切。

❸ 投资最终还是看结果，一个做投资的人，若敢说自己成功，起码要符合下面两点的其中一点，一个是你已经死了，死前是成功的，第二个是你退出这个行业了，退出之前是成功的。

❹ 有人总结过，股票市场已经存续几百年了，太多背景在发生深刻的变化，但有一点没变，即投资人想赚快钱的想法没变。但想赚快钱恰恰是获取长期复合增长的天敌。

❺ 撇开风险谈收益是不符合投资学基本原理的。在投资过程中，我关注的是风险收益比，用尽可能小的风险博取尽可能大的收益。

❻ 杠铃策略在投资上的运用，不主张中庸之道，不主张均衡用力，而是把全部力量分布于两端：一端是极度的风险厌恶，以防范罕见风险的发生；一端是极度的风险偏好，用于积极进取。

❼ 对风险的分析分三个层次，第一个是概率层次，第二个是期望值的计算，第三个是对黑天鹅和小概率事件的预防。好的投资人用比较小的风险博取较多的收益，肯定会成功。

❽ 我们不简单梦想在一只股票上赚八倍，但通过“接力”的方式先后在三只股票上赚一倍，同样可以达到赚八倍的效果，而且后者容易得多，现实得多，流动性也好得多。很多人觉得用六七元钱赚到 100 元钱的人才厉害，但这样离人性远，用接力的方式离人性更近，风险更小。做投资不要挑战自己的极限，明明有大道坦路可以走，没必要走小道险径。

❾ 做投资的人无时无刻不在面对不确定性。排除特殊因素，如公司破产等，对冲不确定性最好的办法就是低价，足够低的估值是对风险和不确定性最好的补偿。

❿ 每次危机发生的时候都是各种负面不确定性迅速放大的时候，此时如果你对目标资产的估值有相当的理解，而且此类资产彼时的价格又出奇的便宜，你又手握相对稳定的资金，你一定要敢于出手，忽视短期有可能出现的浮亏。反之，在泡沫被乐观情绪盲目放大的时候亦然。

⓫ 在投资中，时刻关注估值安全边际和流动性，也是重阳的投资组合防范系统性风险和获取低风险超额收益的两个基本要素。

一旦发生预期外的事件，如果组合有很好的流动性，在很短的时间内可以掉头，或者完全、彻底地大撤退。

当然，光有流动性是不可能获取超额收益的。所选标的有充分的安全边际，即对应于估值的成长空间很大，这是获取超额收益的关键。

⑫ 在资产泡沫和经济危机中最能体现人性的弱点。当某一类资产发生严重泡沫的时候，情绪乐观的人们总以为这次和以前不一样，这次是颠覆性的，必将极大地提升未来。而当每次大危机来临的时候，身处极度恐慌中的人们总觉得这一次危机很难过去。事后看，泡沫总会破，危机总会过去，世界一般情况下总在曲折中循序渐进。

⑬ 一个好的投资人必须具备相当的抗压能力。很多人在市场恐慌和疯狂的时候缺乏胆魄和冷静是因为顶不住压力，因为释放压力最好的方法是随波逐流。

⑭ 投资似乎是一个门槛很低的行业，但其实水很深，在这方面它和很多高技术行业不一样。巴菲特在危机和泡沫中的很多投资行为都是透明的，但恰恰在那个时候总是很少有人效仿，反而会被相当数量的人讥笑。

⑮ 一个好的基金经理，其性格中反人性的因素要多一些。比如巴菲特，我感觉他性格中就有很多反人性的东西。比方说暴跌的时候，他会去买，不买会睡不着觉。一个人他如果能反人性，投资成功的概率就会高一些。

⑯ 一个优秀的分析师应该具备很强的学习能力。做投资核心要看对未来的认知能力，看谁更具有前瞻性。无论是多么厉害的投资大师，都应当持

续学习。

⑰ 把基础打好，再往尖端发展。有些人研究的都是尖端问题，但对财务、行业的基本情况可能都不太懂，基本功不扎实。

⑱ 不要对自己和别人太过苛求。比如有人经常会抱怨，为什么当时不空仓呢？为什么没有规避这个陷阱呢？但如果你总能规避的话，你就是神仙啊。有十个机会，抓住一两个就可以了，大的机会尽量抓住就可以了。

⑲ 俗话说，机不可失，时不再来，干我们这一行，要反过来说，“机可失，时再来”。

19 岁，A 股第一批投资者；

31 岁，60 亿美元私募基金合伙人；

32 岁，跨国对冲基金创始人；

36 岁，千亿元规模公募基金投资总监；

41 岁，打造私募高毅，跻身顶尖私募之列。

这是邱国鹭。

他是国内价值投资者的旗帜，“宁数月亮不数星星”“好的企业，合适的价格”，他的判断简明但一针见血，直达本质。

高毅资产　邱国鹭

简单的理念，不简单的坚持

邱国鹭

高毅资产　董事长

- 曾任南方基金管理有限公司投资总监和投委会主席、普林瑟斯资本管理公司基金经理、奥泰尔领航者对冲基金合伙人、美国韦奇资本管理公司合伙人等职。
- 在基金业 19 年的履历中包含了 60 亿美元私募资产管理公司合伙人、跨国对冲基金共同创始人、2 800 亿元公募基金公司投研负责人等从业经验。
- 担任厦门大学经济学院兼职教授、北京特许金融分析师（CFA）协会理事。
- 在行业内所获荣誉和奖项众多，所著的《投资中最简单的事》一书 2014 年 10 月出版后，迅速登上金融投资类新书畅销榜榜首。

中国基金行业 20 年的发展历程中，涌现出了许许多多知名的基金经理。他们有的对于商业模式有深刻独到的见解，擅长捕捉盈利高成长的行业和个股；有的坚持从行业景气度出发，聆听市场趋势；有的从估值和品质判断个股，常年坚守价值投资。邱国鹭，便是国内价值投资的领军人物之一。

1992 年，还在国内念书的他就开始购买厦门“老四家”股票认购证。这是他第一次参与股市和衍生品交易，并从中赚取了第一桶金。

1999 年，在美国硕士毕业后，邱国鹭加入了韦奇资本，正式开启了自己的投资生涯。 2004 年，由于工作表现出色， 30 岁出头的邱国鹭成为当时 60 亿美元规模的韦奇资本的合伙人。

2008 年，全球金融风暴来袭，那时的邱国鹭已经在三年前创立了奥泰尔领航者对冲基金。由于提前对冲了风险，他所管理的产品依然在次贷危机中获得了两位数的收益。同年 10 月， A 股市场也受到全球金融大环境的影响，处于低迷期，而邱国鹭出于家庭、事业等综合因素考虑毅然选择回到国内发展，出任南方基金的投资总监。

2014 年，在南方基金工作了近六年后，邱国鹭最终选择了“奔私”。

“高屋建瓴，志当恒毅。”毫无疑问，高毅资产是近几年私募行业中业绩最佳、成长最快的机构之一。除了不俗的业绩外，高毅的“投研梦之队”可以说是其快速发展的灵魂所在，几位基金经理可以说是“群星荟萃、百花齐放”。他们有着同样优异的历史业绩、同样坚定的价值投资信仰，又有着不同的投资风格和履历背景。他们有的来自公募基金，有的曾任职于知名私募，有的则是自成一派的实战高手，还有的曾经任职于知名的 PE 机构。组建出这支身经百战、能力出众的豪华团队的就是高毅资产的创始人，也就是我们所提到的国内价值投资领军人物——邱国鹭。

邱国鹭出身书香门第，学生时代是一个典型的“学霸”。他在高中时参加了各种竞赛，物理竞赛、计算机程序设计竞赛都得过福建省第一名，数学竞赛也得过奖，高中毕业统考获得了福建省第二名，也因此获得了大学保送资格。在他的职业生涯里，父亲是他的启蒙老师。邱国鹭的父亲邱华炳曾是厦门大学财金系教授，是中国改革开放后第一批接触资本市场的人。在父亲的引导和言传身教下，邱国鹭对金融领域有了深入的理解。他曾在媒体的采访中提道：

“我父亲比较注重理论与实践相结合，创办了福建省第一家资产评估事务所，大二、大三的时候，我在事务所实习过。我参加了福建闽西一家水泥厂、闽南一家啤酒厂的资产评估。当然，我主要是打杂，帮人家敲敲电脑、记记账。**这是我第一次切身地知道怎么对一家公司进行估值，看的不是财务报表，而是机器、设备、厂房，还要算折旧、年限等，**这是个很简单的活，却是很好的培训，我对周期股和消费股的认识就是从那时候开始的。”

熟悉邱国鹭的人都知道，作为一位身经百战的基金经理，除了自身的投资能力出众外，他在投资者教育和价值投资理念的普及上也做了很多努力。他曾使用非常多生动形象的例子来描述其投资方法，包括“森林和树木”“遛狗理论”“宁数月亮不数星星”等贴切的形容，他习惯用各种大白话告诉投资者他所坚持的价值投资。

宁数月亮，不数星星：选股如是，选人亦然

“宁数月亮，不数星星”是市场中广为流传的价值投资金句。邱国鹭

曾在《投资中最简单的事》一书中用其描述自己的投资方法，“数月亮的行业门槛高，参与竞争的企业少，所以竞争有序，坐地起价，旱涝保收；数星星的行业门槛低，谁都能进来，竞争激烈，经济好时担心成本上升，经济下行时担心需求下降，好日子总是不久的。前者圈钱不辛苦，后者是辛苦不赚钱。因此，哪一类公司适合投资，就一目了然了。”

市场中企业强者愈强的现象可以说是屡见不鲜，有的行业内部的品牌可能多如繁星，但真正优秀且被客户认可的品牌却屈指可数。选股如是，选人亦然。邱国鹭不单单在选股上有着严苛的标准，在搭建高毅平台选择事业伙伴的时候也是如此。

私募，作为资产管理行业中重要的组成部分之一，从 2005 年开始就慢慢走进了人们的视野。在过往高速发展的十多年中，私募基金经理通常有这样几个来源： 有的曾是业绩不俗的公募基金经理，有的曾是券商明星分析师，有的曾在海外摸爬滚打多年，有的曾在保险公司管理产品多年。总体而言，私募基金经理背景多样，可以说是“百花齐放”。对于邱国鹭而言，面对市场上这么多基金经理，如何打造出“高毅”这一平台型私募，选择出优秀合适的合伙人至关重要。

从当前看，高毅六位基金经理之间虽然在投资方法上各具特色，可是每一位在过往都创造出了不俗的业绩。提起合伙人的选择，邱国鹭说他并不在乎基金经理来自何门何派，而是更加关注合伙人对投资的理解是否成熟，投资能力是否符合初衷。他对于选人通常会有如下的考量。

核心还是要看这个人的投资理念是不是成熟，是不是在他所处的领域中属于品类最优的，投资方法是不是自成体系，是不是久经市场考验，投资理念是否具有可重复性，投资流程是否完备。邱国鹭对于合伙人的选择就如同他坚持的价值投资那样，“宁数月亮，不数星星。

满足这些标准的基金经理可以说都是投资领域中的顶尖人才。不仅仅对合作的基金经理要求高，高毅在研究员的选择上也是精挑细选，其投研团队目前近 40 人，资深研究员大多数来自中外大型公募基金管理公司、一线券商研究所和知名资产管理机构，整体实力处于行业领先水平。私募基金最大的财富就是它的投研团队，从这个层面看，高毅可以说是实力雄厚。

高毅投研团队相信长期价值创造并擅长挖掘价值，基金经理都注重基本面研究，但是具体方法上却大有不同。**邱国鹭注重估值和品质，邓晓峰注重商业模式和行业演化，孙庆瑞擅长自上而下的思考和灵活的资产配置，卓利伟追求可持续的价值与高质量的成长，王世宏偏好在创新主航道中寻找机会，冯柳则擅长逆向投资。**因此，我们也可以看到高毅所信仰的价值并非僵化的条条框框，而是基于不同逻辑体系下基本面的深入研究。

邱国鹭的价值投资：估值、品质和时机

邱国鹭曾这样总结自己的投资分析方法，对于一家公司他会问三个最基本的问题：

为什么便宜?

为什么好?

为什么要现在买?

他把选股简化为估值、品质、时机三个要素。其中时机很难掌握，他

会将其淡化，或者主要通过估值去判断，便宜的时候多买，贵的时候少买，倘若实在找不到合适的投资机会，他也会选择空仓。对于品质而言，他认为需要做好大量的基础研究工作，不过有时候还是难以判断。估值则是相对最好把握的。

如何定义估值是便宜的，这并非易事。单纯低市盈率、低市净率的公司不一定是便宜的。在邱国鹭看来，最为合理的估值应该从自由现金流折现的角度出发，而非单纯看某些常用指标的高低。市场中，一些高速成长的行业往往都有不低的市盈率。

邱国鹭认为一家公司能够支撑其价值的有两部分。一部分来自公司现有的资产，它的现金流、品牌、现有的销售渠道等，这是公司在今天的价值。还有一部分来自公司未来的价值。一些公司可能现在不赚钱，但其自身已经建立起一个模式使得未来发展可期。比如现在我们不能说烧钱的打车平台是没有价值的，大额补贴的社交电商平台是没有价值的，未盈利的团购外卖网站是没有价值的。因为这类企业当下没有赚钱，所以对这类企业的估值判断相对比较困难，这不是普通的投资者可以做到的，而像一家银行值多少钱，这个是相对容易估值的。

对于市场整体而言，估值的重要性就更加不言而喻了，但是这个重要性并不会每时每刻都发挥着作用。在市场的底部和顶部，估值都会出现一些偏离，有时偏离的幅度还不小，但是最终还是会发生作用。邱国鹭曾借用科斯托拉尼的话，把这种均值回归的规律描述为“遛狗理论”。

“遛狗理论”大致的意思是说股市中价值和价格的关系就像遛狗时人和狗的关系。价格有时高于价值，有时低于价值，但迟早会回归价值。比如十多年前，上证综指的市盈率有 50 多倍，而现在却只有 11~ 12 倍的估值。因此2018年股市“跌跌不休”，在市场估值偏离均值的情况下，邱国鹭反倒是更加乐观了一些。他更倾向从企业价值出发去选择合适的投资标的，也找到了一些理想的标的，因此2018年仓位较高。

除此之外，在他的体系中，品质也是相当重要的一部分。邱国鹭在公司品质的判断上，核心是判断这是不是一门好生意，有没有定价权，是不是一门容易赚钱的生意。这样的判断不仅要看数据上的支撑，还要对商业模式有深刻的理解。

以2013年的热门行业——影视行业为例，过去多年电影票房每年都有很高的增速，可是邱国鹭认为很少有人探讨过商业模式到底是什么？行业是否可以保持高速稳定的增长？这样的思考方式也使得邱国鹭在众多行业和个股中会倾向于选择那些可持续增长的行业。

无独有偶，有人在股东大会上也曾问巴菲特和芒格，挑选股票的标准和方法是什么。芒格答道："我们不知道如何通过数据来买卖股票。但是，我们知道伯灵顿北铁路公司在过去多年中都有竞争优势。我们不知道未来苹果公司会是怎样。买股票你必须能理解这家公司及它的行业地位，这些都不可能通过数学显露出来。"

很多人会怀疑，这样的投资风格不就是从沪深300、上证50中寻找标的吗？事实并非如此。2017年之前，邱国鹭对于创业板、中小板非常谨慎，配置上也鲜有涉及。然而从2017年开始，他开始布局一些创业板的个股。在2018年，他配置的几只创业板个股由于业绩表现出色带来了不错的收益。他曾做过这样的比喻：本质上，树木比森林更重要。但是**如果森林着火了，那么树木自身也会被烧掉，因此要对大的系统性风险保持敏感。**这也是为什么2017年以前他鲜有配置创业板的原因之一。2017年之后，在他的理解中大火的情况基本消除，那么就可以去寻找优质的树木了。

不简单的坚守：“打造百年老店”的初心

在 2015 年“杠杆牛”的日子里，谈价值投资似乎一开始就输在了起跑线上。 2016 年中小票的活跃表现也让广大投资者们将目光聚焦在了一些偏好中小盘因子的量化基金。然而，很多人没想到的是，当 2017 年出现“一九行情”时，投资者的目光又重新聚焦到了价值投资上。甚至一些平时专做重组预期、炒主题的基金也开始大谈特谈价值投资的力量。一时间，价值投资仿佛成为一种潮流，以白酒、家电、食品饮料为首的大盘蓝筹股成为不少投资者必选的品类。

然而，无论市场风格如何变化，市场行情如何波动，邱国鹭所贯彻的投资理念始终是基于估值与品质的价值投资。这样的坚守不易，正是因为这样的坚守为邱国鹭以及高毅的私募基金产品在近几年的业绩表现打下了扎实的基础。价值投资这条路上，邱国鹭一直在坚持。

在 20 多年的从业经历中，邱国鹭见过 1992 年排队买认购证时的疯狂，经历过 1999 年纳斯达克的科技股狂潮及后来的大崩盘，目睹了 2008 年全球金融危机时华尔街投行遭受的挤兑，深知金融市场的黑天鹅与肥尾现象[①], 危机在意想不到间就会爆出。正是这些经历，才使得邱国鹭对风险有刻骨铭心的认识，也由此形成了一套自己的投资逻辑和体系，不会被短期的市场走势所绑架。

---

① 肥尾是指极端行情发生的概率增加，可能因为发生一些不寻常的事件造成市场的大震荡。如 2008 年雷曼兄弟倒闭、 2010 年的南欧主权债信危机，皆产生肥尾效应。

投资，不是一件简单的事情。在信息科技高速发展的时代，人们对于信息的接受和反应速度有了质的变化。其间的信息有真有假，有多有空。投资不仅考验基金经理的能力，还有心态。邱国鹭所崇尚的简单，是投资理念的化繁为简，是从纷繁复杂的环境中寻找主变量。在坚持的同时，他不去追求研究特别难的东西，而是把相对简单的东西研究得很仔细很清晰，针对不同的行业特性，弄清决定行业竞争胜负的关键因素是什么，什么样的公司算好公司，什么样的价格算便宜。实际上，如果能把很多东西想明白了，就能知道它的估值究竟什么时候算便宜，什么时候算贵。就可以在公司被低估的时候，坚定买入并持有。所以说，**投资中最简单的事情并不是说投资很简单，而是说投资最本质的东西反而是那些最基础的、最可把控的东西。**

2014 年的邓晓峰还在掌管公募和社保的双百亿元资产，离开博时基金后，他的去向一直备受市场关注。

2014 年的孙庆瑞曾任中银基金权益投资总监，偏股混合型基金 6 年业绩非常出色。

2014 年的冯柳是互联网上一名神秘投资高手，网名“茅台 03”，独到的见解和市场洞察力吸引了许许多多的粉丝。

2015 年的卓利伟在景林资产管理多个基金和 QFII 专户，“公奔私”后不断践行自己的投资理念。

2015 年的王世宏在高瓴资本担任总监和 QFII 团队核心成员，对于二级市场的真知灼见为高瓴资本赚取了不错的收益。

如今，在共同的理念感召下，这群人的名片上有了同一个名字——高毅。

在《跳着踢踏舞去上班》一书的序言中，邱国鹭说**巴菲特之所以这么快乐地去上班是“因为他在生命中的每一天都只做自己喜欢的事，只和自己欣赏的人一起工作”**。在聊起高毅的其他基金经理时，邱国鹭满眼都是“欣赏”。他和他的投研团队每天都在快乐地研究和投资。

高毅资产团队成员

- 上海高毅资产管理合伙企业（有限合伙）（以下简称“高毅资产”）是国内投研实力较强、管理规模大、激励制度领先的平台型私募基金管理公司。

- 高毅资产旗下汇聚了多位长期业绩优秀、市场经验丰富的明星投资经理，由邱国鹭先生担任董事长，邓晓峰先生担任首席投资官，卓利伟先生担任首席研究官，孙庆瑞女士、冯柳先生、王世宏先生担任董事总经理。

- 目前高毅投研团队近 40 人，资深研究员大多来自中外大型公募基金管理公司、一线券商研究所和知名资产管理机构，整体投研实力在业内处于领先水平。

（数据来源：好买基金研究中心。数据截至 2019 年 3 月 19 日）

对话

DIALOGUE

高毅资产 邱国鹭

历史读多一点，

人就会淡定。

访谈时间：2018年12月

书香门第中成长的邱国鹭

好买： 您出身书香门第，家庭环境在早期的成长中带来怎样的影响？

邱国鹭： 父亲对我影响很大。除了在理论上、实践上的引导，他的生活、学术，对我的影响都非常大。父亲是厦门大学的一名教师，厦大的财政金融专业很强，他有很多学生，应该算是中国改革开放后第一批接触资本市场的人，他们谈论的话题，我当时不一定听得懂，但也算耳濡目染吧。我从小读书不算特别努力，但学习成绩还行，高中时参加过各种竞赛，物理竞赛、计算机程序设计竞赛都得过福建省第一名，数学竞赛也得过奖。家里人其实觉得我没做科研有点可惜。我从小也读了很多书，包括经济学、金融学、历史、社会方面的书。我生在厦大，长在厦大，小时候住的教工宿舍现在已改建为厦大的人类历史博物馆。

我父亲创办了福建省第一家资产评估事务所，大二、大三的时候，我在事务所实习。我参加了福建闽西一家水泥厂、闽南一家啤酒厂的资产评估，当然，我主要是打杂，帮人家敲敲电脑、记记账。这是我第一次切身地知道怎么对一家公司进行估值，看的不是财务报表，而是机器、设备、厂房，还要算折旧、年限等，这是个很简单的活，却是很好的培训，我对周期股和消费股的认识就是从那时候开始的。早期对我影响最大的人无疑是我父亲，可惜他英年早逝。2018 年我和家人捐赠设立了厦门大学邱华炳教育基金会，算是对父亲的一种怀念。

好买： 您 1992 年开始接触股市，能分享一下初次投资的经历吗?

邱国鹭： 我很早就对股市非常感兴趣。记得在 1992 年发股票认购证的时候， 5 元钱可以买一张认购证，几个月以后就可以认购股票，一张身份证可以买 5 张认购证。当时，我组织了很多同学和母亲公司的同事去购买。我和同学凌晨四点多去认购点排队。实际上，认购证本质上就是期权且杠杆很大。如果不能行权，就浪费了认购费。如果行权，可以赚到上万元。这也是我第一次参与股市和衍生品交易。

好买： 您早在 1996 年的时候就出国念书，能否和我们分享那时的经历?

邱国鹭： 那个时候，互联网刚开始普及，我上网申请美国学校，那时候的网速还是非常慢的。我们要看美国学校的网站，把名字输进去，很长时间网站才可能刷新出来。但是通过来来回回的 E-mail，就实现了和学校的沟通，这让我感触很深。当时申请了两个专业，一个是经济学，一个是金融学。经济学和金融学在国内感觉很接近，但其实区别很大，经济学是偏原理、偏宏观的基础学科，金融学是偏数学、偏定量、偏实践的应用学科。毕业之后本来打算攻读金融学博士，已经完成课程，通过了博士资格考试，还没写论文，但是因为找到了比较合适的工作，于是拿了硕士学位就去上班了。父亲对我没读完博士一直耿耿于怀，觉得我有点不务正业。现在想来，我自己也还是有点遗憾的。

邱国鹭谈择时与估值

好买： 2018 年年初至今，市场波动很大，但是有一些基金获得了不错的超额收益，它们中的有些做择时操作。在这个时候，您怎么理解战略性的择时和长期不择时的策略选择？

邱国鹭： 第一，择时要看是大择时还是小择时，可能两三年看多，两三年看空，真正证明它需要较长的时间。

第二，如果是自下而上的长期择时，比如在 2015 年上证指数 5000 点的时候，业绩不好的股票在市场中暴涨，整体市场估值较高，它的基本面和估值是经不起检验的。这个时候，我们就会比较谨慎。反而在市场比较低迷、整体估值较低的时候会更积极一些。

第三，高毅在创立的初期，经历了三轮“股灾”，其实我们都有调整过仓位。**当时调仓位并不是一种择时，而是一种风控手段。因为刚刚从公募出来，创立私募，如果这个时候净值回撤太大的话，客户对你是不够信任的，我们不希望在创业初期，产品出现大的波动。**因为波动大时，客户容易赎回，即使后期我们净值创出新高，但客户并没有真正享受到价值。所以在这三轮“股灾”中，我们都根据防守垫大小做了适当的仓位控制，但那并不是择时的行为，更多的是基于我们对于权益市场的风险预算做出的选择。现在回头来看，当时的选择是正确的。假设那时我们不做择时，长期满仓下来，也许最大的回撤会较大，不过回报也会高很多。所以，其实风险回报比并没有改变，我们只是等待防守垫积累出来之后才加大仓位。

只要市场不像 2015 年 5000 点时呈现出泡沫化的情况，我是愿意长期高仓位的，前提是能挑到比持有现金未来潜在回报更高、更好的股票。这就是我对择时的态度。

私募行业有过各种宣传，比如有人逃顶成功，有人抄底成功，但其实单靠这些很少能做长久。**认真观察下，当下真正做大做久的基金经理哪一个是以择时见长的？海外也是如此。**长期选股的能力是需要努力通过自下而上实现的，当资金量大的时候，想要再择时，频繁进出是非常困难的。

好买： 您曾在《投资中最简单的事》一书中写过，真正做大择时的，只能通过看估值来选择。

邱国鹭： 是的，因为市场估值太高、找不到好的股票，仓位自然就下来了。

好买： 所以 2015 年调仓其实是为了控制回撤，让客户留下来，最终赚到钱。 2018 年做了不同的选择，保持高仓位，靠选股取胜。

邱国鹭： 对的。基金业发展 20 年，其实回报是不错的，但客户的回报不一定那么好。客户通常会在高点买、低点卖。客户其实希望有一个相对平稳的收益增长过程，哪怕短期放弃一点收益。严格来讲， 2018 年是大股票小股票通杀的一年，蓝筹股中的地雷股一样很多。我们在这一年还好，没有踩过雷。如果真的从择时或者选股风格来看， 2018 年还是不应该买小股票，但是创业板泥沙俱下的时候，有的基本面坚挺的公司我们还是一直持有的，也能经得起市场大幅波动的考验。

为什么要提出投资三要素——估值、品质、时机。时机，本来就预测不了，还是要强调估值与品质，所以说树木比森林更重要。当然我们也会对大的系统性风险保持敏感。如果森林着火了，那树木本身也会被烧掉。但是在没有系统性风险的情况下，我们还是自下而上的。曾经我们对创业板一直不很看好，因为市场给予了太高的估值。 2017 年底的时候开始少量买入，是因为它已跌到一定程度，部分公司的估值回到了合理的区间，到开始值得关注的区间了。

好买： 您会买估值超过30倍的创业板股票吗？如何分析它们的基本面？

邱国鹭： 最合理的估值是从自由现金流折现的角度去考量，价值的支撑有两部分。一部分来自现有资产带来的价值，现金流、利润、品牌和现有的销售渠道等，还有一部分来自未来的价值。企业现在可以不赚钱，但要建立起一个未来能赚钱的模式。你不能说烧钱的打车平台没有价值，大额补贴的社交电商平台没有价值，未盈利的团购外卖网站没有价值。不过因为它当下没赚钱，所以它的估值是很难的，这个不是普通人容易判断的。**对于那些价值来源于未来的企业，它的估值高低见仁见智。不过有一些东西是基本可把控的，**所以我们说投资中最简单的事情并不是说投资很简单，而是说它最本质的东西其实是那些基础的可把控的东西。

好买： 成长的行业变迁很快，那么如何做分析呢？

邱国鹭： 比如有一只个股，我认为它已经是月亮了。虽然它估值50倍，但它已经是中国的月亮，将来我认为它也会成为世界的月亮。其行业格局现在已经是“中国有两家，世界有五家”的格局了，其余的公司很难再跑出来了。而且这只个股作为这个行为的中国龙头，比第二家已经大出很多了，技术路径也对，它具有核心竞争力。所以这也就是为什么在2018年大家日子都非常难过的时候，这家企业的利润增长这么好，这就说明它确实是个月亮。像2018年有很多公司业绩出现了地雷，但这只个股还好，它的基本面很好，因而就会有一个价值支撑点。

好买： 价值投资还是要看自由现金流折现得出的估值和当前的估值比到底是便宜还是贵，不过这在评估和判断上很难。

邱国鹭： 对。如果要评估一家企业今天的价值，这相对容易。不一定是账面价值，比如说还有一些渠道价值，因为账面都是有历史成本的，P/B之类的只是个起点。根据我的经验，**如何在市场泥沙俱下的时候有比较明显的超额收益，核心还是在选股上强调安全边际和公司品质，把这两点结合起来评估。**

好买： 2018年第三季报A股整个ROE是下降的，您怎么看？

邱国鹭： 2009年初的时候，ROE也是一塌糊涂。ROE是个后视镜，是一个滞后指标。在2009年上半年看，2008年底ROE的下降更可怕，所以不能只依据单独的一个指标来做判断。**一定要系统地分析一个公司、一个行业，单看哪个指数什么指标往上走、什么指标往下走是没有意义的。**大家都担心时，我就不担心。2015年上半年大家都不担心的时候，我很担心，那个时候我们建仓也是很谨慎的。所以，**别人疯狂的时候我们就担心，别人担心的时候我们反而可能不担心。**

好买： 做基本面的很少说自己看宏观，因为宏观不容易看清楚。现在大家觉得中美贸易摩擦影响很大，看这些东西的时候每次都不一样，看不清楚，很容易就说这次跟以往不一样了。您是如何看这个问题的？

邱国鹭： 其实我也看宏观。我大部分的决策是自下而上的，不过有时候需要宏观的一些印证。长期来看，行业配置对我是很重要的。我的第一份工作是定量分析师加策略分析师，也就是自上而下的分析。

看树而不是看林

对我来说，参加论坛大家会聊一点宏观，但这永远不是我做决策最主要的根据。宏观对于决策的影响，主要是看有无系统性风险。自下而上的企业基本面研究，作为微观层面，它需要和宏观、中观层次的数据逻辑间能够互相印证，这样才能保证不犯大的错误。**我们经常说自下而上更重要，我们是看树而不是看林，反正树看多了，林子的状况也就大体上掌握了。**

好买： 现在好像还没看到贸易摩擦对业绩实质上的影响，会不会在明年一季报业绩出来市场才会有更多反映？您怎么看待贸易摩擦的影响？

邱国鹭： 其实市场已经在反映了，它不会等到一季报的基本面出来。我觉得贸易摩擦对实体经济的影响比大家想的都小。我们也研究了日本崛起过程中与美国的贸易摩擦，持续了二三十年，而且它的汇率一再被逼升值，升值的幅度也是远超过中国的，有时候一夜之间升值 15%。货币升值与加关税有类似的效果。**其实很多东西从历史角度看，对实体经济的影响比大家想的都要小，影响更多的是在心理层面。**而心理层面本身就会影响资本支出，影响企业家的信心，影响消费者的行为。所以，心理层面可以转化为对实体层面的影响，**就像疾病一样，对身体带来损伤的有可能来自疾病本身，也有可能来自对疾病的担忧。**

高毅如何选择合作伙伴？

好买： 和其他大型私募不同，高毅是一家很有特色的平台型公司，当初为何考虑要打造这样一个私募机构？

邱国鹭： 这主要还是和个人经历有关吧。我之前在美国工作过的公司都是合伙制的，作为基金经理，我体验过合伙制平台带来的好处。我在美国的时候曾自己创业，特别辛苦，要准备的事项很多，除了投资，你还需要考虑市场运营、财务成本等。后来找了一个平台，分部分收益给它，就好了很多。在一个平台化私募中，基金经理可以把更多精力放在投资上。更为重要的是，在这样一个氛围里，你可以获得平台的投研资源，研究会更深入，看问题的视野也会更加开阔，落实在投资上成功概率自然也就更高。同时，通过合伙制的利益分配方式，基金经理还可以获得较高的收入。所以，我自己出来做私募的时候，就想打造一个这样平台式的私募。

好买： 基金业最核心的资源就是好的人才，高毅在选人方面真的有独特之处。您当时找基金经理都是亲自去拜访，现在回头看您选择的几位基金经理都很成功，其中像冯柳之前并不是机构出身的基金经理，却被您看中了。您是从哪些方面去选基金经理的，在高毅模式的创建上，想达到一个什么样的效果?

邱国鹭： 高毅的初衷是想打造一个平台式的私募公司。我希望它既有公募平台的优势，又有私募的有效机制。我们当时做了比较多的思考，在机制和团队上花了很多时间。我们前前后后见了几百个投资和研究人员，想找出一些优秀人才，大家能够像一个投资俱乐部一样在一起，彼此能有不同观点的交流和思想的碰撞。因为私募基金大多数时候是由创始人主导的，这种情况下，投资也可以很有效。只是有的时候在市场的波动中，有可能会比较孤单，对一些问题的看法有可能会比较片面。如果有不同特点的优秀人才，大家互相讨论的时候可以取长补短、互相验证。在共同研究的过程中，我们有很多的争论和辩论，可以把很多事情搞明白。但同时，我们又会保持决策的独立性，不会像一个投资委员会一样，必须形成共识。所以我们是共同研究、独立投资。大家可以有讨论，但最后可能就是你看好我不看好，你买我不买。**我们基金经理之间有防火墙，我不知道他们买什么，也不知道他们持有什么。**我经常是在上市公司季报后的媒体报道中，才知道他们持有的什么股票进入了前十大股东。不过，媒体的报道常常不准确，经常说我们重仓了什么股票，真实的情况可能是我们只买了一点点。我们进入流通股前十大股东的个股占我们的仓位可能并不多，如果真正重仓了一只大盘股，在前十大股东中也是体现不出来的。

好买： 高毅的基金经理之间风格还是有一些差异，比如说邓晓峰在定价机制上可能关注更多点。卓利伟会偏好一些消费股，冯柳逆向投资的股票多一些。您当时搭建平台的时候，考虑的是基金经理风格间的互补性吗?

邱国鹭： 没有。我们并没有刻意地要按照什么风格来找基金经理。我们很简单，就是看人。每个人都是独特的，不过优秀的人都会有些共性。我们的核心还是看这个人是不是成熟，是不是在他所在的领域中属于品类最优的，是不是有一套自己的体系，是不是久经市场考验，投资方法是否具有可重复性，投资流程是否完备等。其实我们也见过很多历史业绩非常优秀的人，特别是个人投资人。我们见了很多这样的民间高手，每个人都获得了几百倍的历史回报。我们也看到有很多个人投资人转做私募的，成功率不一定特别高。所以，我们选人的核心还是看他对投资的理解是不是足够深入。我们之前说过一个标准，“七年八年，数一数二”，**长期优秀的**

历史业绩只是一个起点。为什么当时说七八年，因为当时见这些人的时候大概是 2014 年、 2015 年，他有七八年的历史业绩说明曾经历过 2008 年的大熊市。为什么 2015 年三轮“股灾”我们的应对都还可以，就是因为我们每个基金经理都曾经经历过大熊市，**经验本身是无可替代的。但只有经验是不够的，是不是能与时俱进也很重要，因为中国资本市场的变化是非常快的。**

美国是成熟市场，它可能二三十年才会有个大的变化。而我们的城镇化、工业化、信息化的速度远远超过别的国家。相应环境下，资本市场也是一样。在这个快速变化的资本市场中还未被短期的热点风口影响到，是因为有些东西是长期不变的。回头看 2013 年被爆炒的手机游戏、电影、互联网金融、网络借贷、 O2O 等，最后都是一地鸡毛，而当时很多人感觉这些东西这么好这么新。而我们这些基金经理整体上都比较成熟，每一个人都经历过大的变迁。 2018 年 5 月《中国基金报》英华奖“中国基金业 20 年最佳基金经理”中，私募基金经理占七个，其中高毅占了两个。 2018 年 6 月底，《中国证券报》主办的第九届中国私募金牛奖上，股票型基金经理评七个，高毅也占两个。

好买： 目前，冯柳是高毅几位基金经理中唯一非机构背景的，业绩非常出色。进入高毅后被更多的投资者熟知，当初您是怎么把他挖掘出来的?

邱国鹭： 筹备高毅的时候，我通过朋友介绍见了网络上的许多“民间高手”，冯柳网名是“茅台 03”，我详细看了他的股票交割单和历史上发表的股票分析博客。**他能够把自己的全部身家拿来重仓一两只股票，基本**

只在市场研究充分的白马股中进行选择，长期投资、价值投资、集中投资，不短期炒作、不做重组股，这样的投资业绩十分难得。他原来是娃哈哈的一名普通的销售人员， 2003 年离职后专职炒股，专注大消费类的股票。开始时他把自己几乎全部的身家几万元钱都投入股市，集中持股，长期投资，十年间积累了很多财富。大家的成长路径不同，但都是在不同环境中表现出色的投资者，长期投资业绩和选股理念足以说明一切。

好买： 现在来看，那个时候出来的公募派私募基金中，高毅是其中做得挺不错的一个。

邱国鹭： 每个人都有各自的打法。我们是很包容的，只要你是品类最优、久经市场考验并且自成体系又很成熟、独立思考的人，那我觉得就值得聊一聊。就像你们好买也很专业，和一个基金经理聊下来就知道他到底是不是真懂。**比如有的人业绩很好，但是你聊完以后却不知道他是怎么做出这个业绩的。对于这样的人，我就不敢要。**首先看业绩，但这不是唯一标准，这只是个起点。你和他聊的时候要能够真正理解他的投资方式和逻辑。像我们和研究员聊一样，他要懂一些我不懂的东西。从 2015 年到 2018 年，现在高毅创办已经有四年。我觉得自己在过去四年中的成长比之前的六年要快得多。因为我们投研团队内部的切磋，让我觉得每天都在进步。

好买： 做一个平台型私募并不容易，尤其是在每位基金经理都很优秀的情况下。高毅通过怎样的机制把这些优秀的合伙人凝聚在一起，避免其出走?

邱国鹭： 金融机构成败的关键是人才和机制。高毅作为一个平台型私募，和其他私募公司最大的差别在于，大多数私募其实靠的都是创始人的个人魅力、个人能力，但高毅为一批有天赋和经验的基金经理创造了一个并肩作战的平台：配备一流的投研支持，一流的品牌背书，稳定的资本募集，还有完善的内控风控。具体来说，我们有几项机制。

（1）利润分配机制。基金经理能拿到有市场竞争力的业绩提成（其中一小部分用于奖励研究员），其收入高于自己独立创业所得。平台只拿其中一部分，但承担所有的开支费用。

（2）产品命名机制。用基金经理的名字为其所管理的产品命名，以此激励基金经理为名誉而战，从而提高基金经理的职业荣誉感和稳定性。

（3）跟投机制。基金经理要把相当部分的流动资产投到自己管理的基金中去，这样可以保证基金经理的利益与基金持有人相一致。

（4）奖金递延机制。基金经理的奖金在一定比例以下可以马上消费，而超过的部分则要再投回基金中去，分若干年才能拿回，这样可以保持团队的稳定性。

好买： 您在《投资中最简单的事》一书中谈到中国的对冲基金，您对私募行业未来的发展有什么样的看法？对高毅未来的发展有怎样的考虑？

邱国鹭： 我觉得中国的整个资产管理业包括对冲基金都是刚起步，前景广阔。核心还是在于你在这个过程中有没有给客户创造价值。如果你为客户创造了价值，那么自然就能够发展得很好。私募这个行业，圈子很小，好的渠道就这么几个，好的客户也就这些。所以谁伤害了客户大家都知道。有些私募起来得很快，陨落得也很快，每年总有很多小私募业绩很惊艳。但**我们自己一直是战战兢兢、如履薄冰。因为我们清楚这个行业还**

是很残酷的，哪一年做不好就会有这种短期的压力。不过好在我们已经具备了抗压能力。毕竟我们6个人，平均从业18年，加在一起超过100年，这个行业的起起落落已经历过很多次。我经历过纳斯达克泡沫破灭、2008年的金融危机、2015年的三轮“股灾”。**虽然2018年大家都觉得很难熬，但和之前那些大的危机相比，完全不是一个量级的。**2018年市场已经跌了很久了，估值也并不高，我并不觉得这一年是个很大的挑战。和过去相比，2018年这些都是小事件，短期市场过度反应也都是很正常的。

好买：未来还会不会招募一些新的基金经理?

邱国鹭：我们一直在找。我们要找到符合我们标准的人，但并非当前有什么战略或者什么策略。过去三年我们都没有增加新的基金经理，所以说我们的标准还是很高的。我们见了很多人，还在不断地见人。新加入的人要与高毅的文化相符合，他的能力、经验也要和高毅的平台相符合。

好买：未来是否会控制规模?

邱国鹭：我们现在就在控制规模。过去一年半，我们大多数基金经理的大多数产品在大多数时候是暂停申购的。一般我们根据基金经理的意见来决定产品的发行或者封闭，尊重每个人的意见，公司不替他们作决定。以人为本，以基金经理为中心，给他们创造各种所需的条件。投资决策我们不干预，市场决策我们也不干预。

邱国鹭投资金句

QUOTATION

❶ 选股票一定是先选行业，就像买房子，一定是先看社区，社区不行，房子再漂亮也不行。买股票也是，股票本身再好，只要这个行业不好，一样很难涨起来。

❷ 做投资要研究的就是那些不以人的意志为转移的规律，而不是整天去猜测市场的情绪变化。很多投资者一直在寻找风口，也不去想风到底有多大，到底能不能持续，认为只要是在风口中，扁担都可以开花。但是，只要拉长时间，投资者最终会发现扁担是开不了花的，从 0 到 1 的过程并不那么容易。

❸ 百舸争流的行业，增长再快也难找投资标的，不妨等待行业“内战”结束、赢家产生后再做投资。许多人担心在胜负已分的行业中买赢家会太迟，其实一些龙头公司在十年前就已经是各自行业里的赢家了，但十年来的涨幅依然惊人。

❹ 最好的格局是月朗星稀；其次是一超多强；再次一点就是两分天下或者三足鼎立；最差的是百花齐放、百舸争流这种高度竞争的局面。

❺ 数月亮的关键是学会如何定义天空，如何定义子行业。能识别出哪些企业是你的竞争对手，而哪些企业是在不同的天空。当然还要考虑存在跨界的降维打击，天空本身是可以有新企业进来的。

❻ A 股的特点是你经常能找对赛道，但你发现赌错了骑师，或者赌错了赛马。

对小公司来讲，骑师更重要一些；对大公司来讲，“马”本身的质量更起决定性作用。在 A 股上市公司中，好马屈指可数，好骑师凤毛麟角。

❼ 公司有四种：好的、平庸的、烂的、看不懂的；股票也有四种：被低估的、合理的、被高估的、估不准的。好公司有两个标准，一是它做的事情别人做不了，二是它做的事情自己可以重复做。前者是门槛，决定利润率的高低和趋势；后者是成长的可复制性，决定收入的增速。如果二者不可兼得，宁要有门槛的低增长（可持续），也不要没门槛的高增长（不可持续）。门槛是现有的，好把握；成长是将来的，难预测。

❽ 我把选股的要素简化为估值、品质和时机，并且淡化时机的必要性（不是因为不重要，而是因为难把握），于是选股的复杂问题就变成了“寻找便宜的好公司”这种相对简单的问题。

❾ 四项投资基本理念：第一点，便宜是硬道理。第二点，定价权是核心竞争力。好公司和普通公司的区别就是有没有定价权。第三点，人弃我取、逆向投资。重点是要买好东西，但是好东西它为什么便宜？肯定是它出现问题的时候被人抛弃。第四点，胜而后求战，而不是战而后求胜。

❿ 在中国做价值投资相当于在雾霾天遛狗。不是不能做，而是遛狗的绳子特别长。可能美国的狗绳长 2 米，我们的狗绳长 20 米。在 A 股市场，遛

狗人走了 1 公里，可能狗来来回回已经走了 3 公里。价值和价格有可能会偏离很远，但绳子始终还在。

⓫ 只要市场不像 2015 年 5 000 点那样呈现出泡沫化的情况，我是愿意长期高仓位的，前提是能挑得到比持有现金未来潜在回报更高、更好的股票。这就是我对择时的态度。

⓬ 树木比森林更重要。当然我们也会对大的系统性风险保持敏感。如果森林着火了，那树木本身也会被烧掉。但是在没有系统性风险的情况下，我们还是自下而上的。

⓭ 最合理的估值是从自由现金流折现的角度去考量，价值的支撑有两部分。一部分来自现有资产带来的价值，现金流、利润、品牌和现有的销售渠道等，还有一部分来自未来的价值。企业现在可以不赚钱，但要建立起一个未来能赚钱的模式。

⓮ 其实很多东西从历史角度看，对实体经济的影响比大家想的都要小，影响更多是在心理层面。而心理层面本身就会影响资本支出，影响企业家的信心，影响消费者的行为。所以，心理层面可以转化成对实体层面的影响，就像疾病一样，对身体带来损伤的有可能来自疾病本身，也有可能来自对疾病的担忧。

⓯ 高毅并没有刻意地要按照什么风格来找基金经理。我们很简单，就是

看人。每个人都是独特的，不过优秀的人都会有些共性。我们的核心还是看这个人是不是成熟，是不是在他所在的领域中属于品类最优的，是不是有一套自己的体系，是不是久经市场考验，投资方法是否具有可重复性，投资流程是否完备等。

汉和是一家新锐但蕴含大能量的私募。

优秀的业绩并非来自小规模的优势，而是来自所投企业的成长。

罗晓春是个很注重细节的人，这体现在厚厚的研究员手册，指导新手如何着手，使公司像一台运行完美的机器；这也体现在对外的宣传上，据说汉和宣传资料页眉的位置也是数次斟酌。

汉和资本　罗晓春

超长期价值投资的践行者

罗晓春
汉和资本投资总监、总经理

- 清华大学学士、上海交通大学硕士。
- 曾担任中国国际金融有限公司机械行业及中小盘首席分析师、招商证券股份有限公司计算机行业分析师，行业经验 17 余年，任职期间曾获得诸多荣誉。
- 在罗晓春的带领下，中金机械行业、中小盘及招商计算机研究团队在资本市场有着广泛的影响力。机械行业下分 18 个子行业，计算机行业下分 3 个子行业，而中小盘更是涵盖大多数行业类别，罗晓春熟悉种类繁多且跨度非常大的行业。
- 2013 年 1 月，创立北京汉和汉华资本管理有限公司，担任投资总监、总经理，负责公司整体经营。在罗晓春的带领下，汉和资本于 2018 年荣获私募金牛“三年期股票策略管理公司”奖。

和本书中介绍的其他9位基金经理不同，汉和资本的罗晓春是唯一一位卖方分析师出身，没有经历过公募基金的年度业绩排名和规模排名战洗礼，直接进入私募基金领域的基金经理。生而不同，汉和对个股研究有少见的高强度关注，也是中国私募基金历史上，目前所见第一家在十几亿元规模量级上，即开始执意发行三年封闭期，且封闭期不收管理费的私募基金。**排名和规模，从来是基金经理的必争之地；但排名和规模，也是很多基金经理从这个行业消失前所看到的最后的背影。**立身之初就不看排名和规模的汉和，不仅作为一只有些“异类”的私募基金值得一观，从私募基金应该往哪里去，投资人应该如何选择私募基金的角度，更值得一观。

汉和资本成立于2013年，至今已有超过5年的成长历程。凭借业绩，汉和在业内一直有着较高的认可度，但真正被公众所熟知，应该是在2018年中国私募金牛奖颁奖典礼上。作为私募界的奥斯卡奖，每次的名单都会受到市场的重点关注。在往年的名单中，我们总能看到诸如淡水泉、景林、星石、重阳等老牌私募的身影，在2018年评选的第九届中国私募金牛管理公司中，汉和的名字首次出现在获奖人名单中。“三年期股票策略管理公司奖”也开始让不少人将目光聚焦在了这家默默耕耘了五年之久的私募身上。

环顾当今中国私募圈，不少私募基金经理都有着公募基金的从业经验。公募基金管理经历对于很多管理人而言，是践行投资策略和证明自己投资能力的战场，对于其中业绩表现优异的基金经理而言，“公而优则私”也是顺理成章的选择。而与他们不同的是，罗晓春则是卖方分析师出身，先后在招商证券和中金公司任行业分析师。作为一名卖方分析师，他与很多同行的思维方式并不相同。

早在学生时代就开始关注中国资本市场，至今已经在市场上摸爬滚打近 20 年，让罗晓春深刻明白：影响股票涨跌的因素很多，可以去分辨、归类哪些是偏利多的因素，哪些是偏利空的因素。可具体落实到标的未来的涨跌，一个行业可能有数百只股票，能确定大概率涨的或许只有几只，跌的或许也只有几只，其他的涨跌都是难以判断的。因此，投资中更应该专注在确定的机会上，而不是把时间和精力浪费在不确定的事情上。正是基于此，汉和在公司运行的每一个层面都围绕持续打造核心竞争力来进行。

一群人的舞台

罗晓春说："基金经理要对结果负责，研究员要对研究过程负责。"

私募基金行业的商业模式决定了，对于每一个管理人而言，最大的财富就是投研团队。有的私募会选择在买方或卖方有多年经验的研究员，希望他们可以立即上手；有的则会选择没有资产管理行业从业经历的人员，进行自主培养，这样一来投资理念也会更加契合。罗晓春选择了后者。如今汉和的投研团队已经有了近十人的规模，并且从成立至今都非常稳定。那么汉和是如何打造出现在的团队呢?

汉和是一群人的"舞台"，践行的是"双导师辅导制"。汉和的系统化投研模式如同一台高速运转的机器，一名新的研究员在刚加入汉和后就会被严格要求，一切都会向成熟研究员看齐：被指派完成投资标的的分析报告、行业信息的覆盖、投研流程的执行、标的的持续跟踪，等等。在这个学习培养的过程中，一名新的研究员会被分配一名主导师和一名副导师——都是已经培养成熟的研究员——进行辅导和跟踪。导师会根据每一个新晋研究员的特点，不断提出针对性意见，帮助他更快地融入汉和的工作环境，理解汉和的投资理念。**汉和的投研系统在完善的流程中不断打磨，最终基于系统化的输入以及自主培养人才的高效执行，便可以像鲸鱼一样，吞下市场上所有的信息和研究报告，然后经过专业处理，输出最优质的研究结论。**

在之前调研汉和的过程，曾有研究员这样评价："一开始面对繁杂的数据和信息，实在感觉无从下手。在公司投研体系中训练半年左右，就会觉得自己似乎慢慢找到一些方法和门道。可是，再经过一段时间，又会觉得自己还是不会研究，于是继续从漫天的数据和材料中寻找线索。感觉就这样日复一日、年复一年不断地重复。慢慢发现自己的理解开始越来越深刻了。"

投资不需要拥有预知未来的能力。它不是奢侈品，也不是天才的专利。需要的是选择并坚持做对的事情，然后不断地重复。汉和将投研体系细分化、流程化、规范化。研究员也在这样一招一式的训练中慢慢掌握了分析权益类资产的方法。

不同于研究员的研究任务，基金经理需要承担的则是另一份责任。**在罗晓春的眼中，研究员的任务就是把上市公司的基本面研究清楚，保持紧密跟踪，而基金经理则需要将研究成果转化为投资决策，并对投资结果负责，而不是将其转嫁到研究员身上。**投资需要对企业和市场有着深刻且广泛认识。有人说价值投资实际上是"比谁看得远"，这是有一定道理的。对于一名成熟的研究员而言，分析出报表的优良、公司业务的情况或许是轻而易举的，可落实到投资还需要长期经验和对于市场的深刻理解。罗晓春将研究员的输出转化为武器，将多年的投资理念运用到实战，打造出了如今的汉和。

大概率非对称是底色

在践行长期价值投资的过程中，投资理念和方法论无疑是至关重要的，投资方法是私募长期驰骋于资本市场的底色。坚持行业趋势的投资人会旗帜鲜明地打上“中观投资”，偏好从被市场所抛弃的个股中寻找价值的投资人会打上“逆向投资”。对于汉和而言，他们更喜欢用“大概率非对称”来描绘自己长期投资的底色。

大概率非对称是汉和从成立以来始终践行的方法论。简单而言，就是希望能找到具有如下特点的标的：**当判断正确的时候，个股大概率会上涨且涨幅巨大，而当判断错误或者黑天鹅事件发生的时候，它下跌的概率小且跌幅也有限。**具备这种特点的投资标的构建成一个组合之后，随着时间的拉长，无论短期影响股市的因素如何演化，最终大概率会发挥作用。时间这个奇妙的维度，会把大概率最终变成高胜率。组合运行的时间越长，胜率也会越高。长期来看，这是符合数学规律的。既能持续获取长期较高的收益，同时还可以在长期中规避资本遭到永久性巨大损失的风险。对于汉和而言，这就是长期在市场中寻找到超额收益的成功之道。

举例而言，假设某公司拥有价值值得依托，目前 30 倍市盈率。大概率和非对称特征可表述为：基于对公司基本面的判断，当市场热情高涨，该公司市盈率上涨至 60 倍，考虑到每年 25% 的业绩增长，经过 3 年的时间会有近 3 倍的涨幅。当市场遭遇大幅调整，该公司市盈率调整下限为 25

倍，最大回撤幅度仅为17%。考虑到每年25%的业绩增长，经过3年时间该股票也会有63%的涨幅。

超长期价值投资是一种价值观

支撑大概率非对称方法论的，是汉和始终坚持的投资理念——超长期价值投资。汉和相信，价值规律作为商品社会的运行法则，既不能够被创造，也不能够被消灭。长期来看，价格必然围绕价值上下波动。因此汉和理解的超长期价值投资，就是找到价格大幅低于内在价值的投资标的，通过长期持有来兑现其应有的价值。市场纷繁复杂，风暴随时可能上演。基本面优质的标的也时而受到各种短期不利因素的影响而难有良好表现，甚至出现下跌。所以汉和始终着眼长期，不会为短期市场的波动所困扰。

当然，所谓超长期，也并不意味着永久等待。**汉和对标的的要求不仅仅是内在价值这一单一维度，同时也希望投资标的的价值可以在不久的将来兑现。**举个简单的例子，假设一个投资标的当前市值是100亿元，但是实际的内在价值可能是200亿元。这样的标的确实是有价值，但是汉和如果无法确信在不久的将来它的内在价值可以逐步兑现，或者说兑现的期限过长，那也不会轻易进行布局。

在访谈过程中，罗晓春曾以一个研发型公司为例，综合分析了公司的各项优势和劣势。虽然这只个股从总市值上看可能是被低估了，而且在过往的几年中汉和也一直保持跟踪，但是始终没有进行布局。究其原因，就是公司兑现这部分价值需要基于诸多假设，且兑现周期可能会非常漫长，综合看下来并不符合大概率非对称的方法论。结合风险收益比，即使这样的标的未来在市场中也可能上涨，但考虑到资金使用效率，汉和并不会将其作为持仓标的。

那么，什么才是汉和理解的价值呢？**在汉和看来，价值不是静态的、僵化的，以 PB 或者 PE 的高低为标准，而是在充分理解了整个上市公司的商业模式之后，对其应该拥有的市值的描述。**价值是对常识的理解，对人性的深刻洞察，对宏观经济以及产业趋势高屋建瓴的判断。

具体来说就是把上市公司真正当作一门生意，考虑围绕其价值的方方面面。在通盘考虑了这门生意的业务模式、竞争格局、发展前景、管理层意愿等之后，得出整个上市公司应该拥有的市值，再来和现有的市值进行比较。

超长期价值投资的内在核心在于公司的内在价值和价值兑现。然而这一过程在实践中并不简单。汉和曾在 2018 年 9 月的双周报中将实践中需要攻克的三点与投资者分享。

“第一个困难是如何选出足够优秀的公司；第二个困难是是否能够拿得住；第三个困难是能否坚持长期。”第一个困难或许可以通过不断的研究从市场 3 000 多只股票中寻找到一些，第二和第三则更需要的是投资人的价值观。

巴菲特曾说：“在投资方面我们之所以做得非常成功，是因为我们全神贯注地寻找我们可以轻松跨越的 1 英尺栏杆，而避开那些我们没有能力跨越的 7 英尺栏杆。也许看起来不太公平，但**在公司和投资中，专注于解决简单容易的问题往往要比解决那些困难的问题的回报高得多。**”找到人生中的 1 英尺栏杆或许不难，但是一直全神贯注，专注于解决简单的问题却是很难。我们都知道长期投资优质公司会获取很好的收益，但是实际操作却非常困难。比如遇到熊市，估值不断下跌，你是否还会这么坚持？投资不是一场简单的游戏。复利的艺术在于时间、概率和收益。万人以上的马拉松坚持到最后的平均不到1%，投资也是一样。面对风暴，唯有与风暴共舞才会在芸芸众生中脱颖而出。

率先发行三年锁定期产品

在坚持超长期价值投资理念的过程中，汉和逐渐壮大，业绩也不断印证了其投资理念和方法论的有效性。同时，优异业绩的取得，也离不开与之相匹配的产品设计。

2017年是私募行业的一个重点转折点，除了市场结构性行情的出现，市场中私募的规模、业绩也出现了非常明显的分化，很多产品的设计结构也开始发生了改变。2017年下半年，部分私募管理人开始发行封闭期或锁定期长达两年甚至是三年的私募基金产品。总体而言，他们大多是那些在市场上已经形成了品牌效应的管理机构，普遍有长期业绩的加持并规模通常为百亿元以上。对于这些机构来说，即使由于封闭期太长导致募集不顺、产品无法成立，也不会对现有业务和规模产生实质性的影响。

相形之下，汉和在2017年年中开始发行三年期产品则显现出了更大的决心和勇气。因为彼时汉和的管理规模并不算很大，如果不收取任何固定管理费，那么公司所有收入均来自为客户创造的收益分成。2017年，公司正处于业绩表现稳定向上、规模持续扩张的阶段。此时毅然选择为了长远发展而放弃短期扩大规模的机会，确实需要对长期业绩超强的信念，更需要抱持极大的格局。

在了解汉和的人看来，这样的决定显得并不那么意外。因为汉和始终把实现客户长期收益最大化当作公司的使命。关于延长锁定期，罗晓春说，“从客户的角度看，正是因为放弃了一些短期的流动性，所以也就从机制上决定了只能成为市场的长期投资者，往往最后会获得非常好的投资收益和体验。当然，我们建议客户仅将用于长期保值增值的资金用于权益类资产的投资，有其他短期用途的资金可以做其他理财配置。其实对于客户而言，选择专业、负责任的私募基金管理人远远比纠结锁定期的长短更加重要。”

从管理人的角度而言，说到底，锁定三年其实正是坚持了公司成立以来一贯的价值观，那就是不以短期规模为导向，而持续以客户长期利益最大化为追求目标。因为**以三年甚至更长维度来投资中国资本市场的胜率远高于短期投资。汉和相信，坚持做长期来看是正确的事情，虽然短期可能会有压力甚至阻碍，但长期的结果一定是最优的。**

正是因为对资产管理行业、资本市场、价值投资乃至人性都有着极为深刻的认知，才使得汉和做出了如此的产品要素设计，从而也为公司能够更好地践行投资理念、持续创造收益提供了基础和制度保障。

写在最后

2018 年的中国资本市场注定被载入史册。整个市场从年初的乐观，到迟疑，最后极至悲观。一时之间，对于未来的各种担忧甚嚣尘上：中美贸易战、人民币汇率、去杠杆……

但在此时，罗晓春却表现出了难得的乐观和淡定：**“所有悲观的言论**

似乎都比乐观的言论听起来更加深刻。因为看空的言论全都在分析短期的困难，而乐观的言论只有一条，就是长期来看这些都会过去。”而事后回过头去看，往往都是乐观的态度取胜。

对于汉和而言，面对市场突如其来的变化，精选优质个股远比在慌乱中减仓更加有效。正所谓太阳底下没有新鲜事，回顾历史，中国经历了1998年国企改革，大批工人下岗，以及当年的亚洲金融风暴； 2001年互联网泡沫破裂； 2008年全球经济危机。当前所说的经济困局相比以往并没有更加糟糕，实际上这是国家有意收缩的结果。在这样的判断下，罗晓春保持了一贯的积极乐观，并且在2018年延续了行业中靠前的业绩。

在埃德文·拉斐尔写的关于投资大师杰西·利弗莫尔的传记《股票大作手回忆录》一书中，杰西·利弗莫尔曾说：“一个人对自己的判断如果没有信心的话，就不可能在这场游戏中有大的作为。这些就是基本上我学到的所有东西，研究总的市场条件，找到自己的部位入市，然后坚守。我可以无比耐心地等待，我面对挫折而毫不动摇，因为明白那只不过是暂时的。”投资是多元化的艺术，有的人选择与时间做朋友，有的人选择在交易中穿梭。然而即便是伟大的交易者利弗莫尔，也清楚地认识到长期投资的价值。汉和，作为一家正在逐步发展壮大的私募基金管理人，也已经将这一理念作为自己的武器。

汉和资本团队成员

- 北京汉和汉华资本管理有限公司（以下简称“汉和资本”）成立于 2013 年 1 月，于 2014 年 6 月取得私募投资基金管理人牌照，于 2016 年 12 月 30 日成为中国基金业协会观察会员。

- 超长期价值投资践行者是汉和坚持的投资理念，其致力于以产业资本的眼光看待投资标的，选择有价值的标的并坚定地长期持有，依托二级市场的流动性，力求获取超额的投资回报。

（数据来源：好买基金研究中心。数据截至 2019 年 3 月 19 日）

对话

DIALOGUE

汉和资本 罗晓春

悲观的理由都很深刻，

乐观的理由都很苍白，

它只告诉你，

一切都会过去。

访谈时间：2018年9月

信心源于反复被印证的成功投资经历

好买： 您的成长路径和很多私募基金经理不太相同。一般而言，私募中公募出身的基金经理会比较多，而您是从券商直接转向私募的，您没有考虑过去公募?

罗晓春： 我从 1998 年的时候就开始关注市场。那时候我还在读研究生，喜欢看投资方面的书，我所有的财务知识也都是在那个时候补充学习的。相对于我最初学的专业，以及后来从事的和投资及资本市场相关的工作，算起来职业路径比较特殊。

毕业之后一番辗转，先在招商证券任职了两年，拿到了新财富。然后又去了中金公司，在中金任职了接近四年的时间。**当时在职业抉择上，也考虑过是否要去公募基金？一番深思之后，觉得没有太大的必要。主要是经过多年的思考和沉淀，整个想法已经比较完整，对自己的投资理念也有信心**，所以从中金离职以后就开始筹备自己的私募基金了。

好买： 从券商直接到私募，您对自身投资能力的自信是怎样建立的?

罗晓春： 投资需要对事物的发展做判断，这个判断会在日后不断得到印证。后来我发现，自己做的判断绝大多数都是对的，错的很少。即使错了也不会错得很离谱。而且一旦对了，就可能涨三倍四倍甚至五倍，所以时间久了之后不断有印证，这个时候信心就强了。

当然经营一个公司与个人做投资在形式上、组织上和规模上都不太一样，但有一个东西是一样的，那就是价值观。基本上，**小到一个人，大到一个公司，秉持什么样的价值观，就决定了其会如何处事，并导致最终不同的结果。**我们的价值观就是要做长期来看正确且可持续的事情。

围绕这个价值观，我们构建了公司的整个框架。具体到投资层面，就是我们始终坚持做中国资本市场超长期价值投资的践行者。我们始终用产业投资的眼光去看待上市公司，如果觉得公司未来的价值相对于当前的市场价格还有足够大的上升空间，那么在综合考量风险收益比的基础之上，我们就倾向于持有上市公司的部分所有权，也就是部分股票。等待价值兑现的过程，也就是兑现收益的过程。当然我们不希望这个过程需要等待很久，比如说十年。**我们希望是能够在至少未来三年兑现出一倍以上的涨幅，享受上市公司股价上涨这一个最美好的阶段，提高投资资金的使用效率。**

围绕这个理念，再通过我们逐步培养的人才，以及在实践过程中不断形成和完善的投研流程，最终逐步形成一个投资体系，这时就可以很放心地应对市场的跌宕起伏了。我想，信心的来源并不盲目，有了理念和体系，而且经过时间的验证，每天日积月累，信心就有了。

好买： 您提到了超长期投资，但问题在于，有时看一个公司的时候，很难能够看很长的时间，毕竟很多事情是不断发展变化的。在某个时候，你可能看到的是三年左右的上涨逻辑是正确的，但回过头来看，你会发现那些上涨逻辑可能并不是能够延续的。

罗晓春： 你说得非常对。确实很多事情都是持续变化的，不可能一眼就看穿三年以后的事情。投资中面临的很大的障碍就是不确定性。应对的办法有如下几个。

首先，我们说的超长期并不是从结果的层面来回溯，而是在思考问题的时候就应该秉持一个超长期的时间维度作为思考的起点。**同样一件事情，从不同的时间维度思考，得出的结果往往是截然不同的。同样一个事件对于投资标的的影响，短期来看和长期来看可能截然相反。**人生也是如此，如果我们始终记住自己会死，那么做事情的方式也会截然不同。

其次，我们在坚持长期思考问题的过程中，必须承认事情是随时都会发生变化的。每一个长期都是由短期组成的，虽然我在投资层面看得很长远，但研究员在做研究的过程中必须保持敏感，要对投资标的基本面的变化保持尽可能紧密的跟踪，根据每一个变化做长期价值的思考，这才是正确的投资方法。我们有持有长达 5 年的投资标的，也有第二天就卖掉的标的，但这都是超长期价值投资。**持有的期限本质上不是拍脑袋就能决定的，这是由投资标的的基本面决定的。**它足够好，而且一直都很好，那么即使涨幅很大，也没有什么理由卖掉它；如果它今天很好，明天因为一个什么事情变差了，那也只能把它卖掉。这并不冲突，是一致的。

再次，我们也会犯错，这个怎么解决呢？这就需要足够的大概率和非对称，就是我们的方法论。工程学上称之为安全边际，后来被投资学借用过来了。如果一个研究员推荐的标的需要基于种种假设，才能涨 50% 或者 100%，那通常这种标的我们不会买。只有那种一看过去就很好，能涨几倍的投资标的，才是我们真正感兴趣的标的，而且只要持有的时间足够长，这种标的几乎不太会有风险，虽然波动在所难免。

最后，投资也是组合管理的艺术，我们之所以会持有十几、二十只标的，本质上也是为了分散风险。一两个、三五个错了没关系，剩下的十几个涨得足够多，就可以实现收益。

好买： 您反复提到人员的自主培养，为什么如此坚持？

罗晓春： 一个团队要有战斗力，在我看来，思想的统一非常重要。所以汉和招的人基本上都是没有资本市场相关从业经历的，但他们都有很好的学术背景，都是非常聪明的同学。**经过我们体系的自主培养，逐步地开始接受我们的理念和方法，这样汉和就会在投资理念层面做到高度的统一。**

正是因为公司的研究团队拥有非常一致的理念，所以在执行工作流程的时候，每一个人都明白背后的目的和意义所在，整个执行过程会变得更加高效。我们是非常实用主义的团队，如果一个公司看着没有什么意思，那就直接把觉得没有意思的部分写个结论就行了，不用再继续浪费时间了。保证把时间和精力放在更有意思的公司上面。

当想法和做法都统一之后，团队也就自然而然稳定下来了。这一点我们是很自豪的，公司成立至今，团队之稳定在业内也是少有的。对于每一个汉和投研的研究员来说，我们可以按照公司的想法和投资理念对其进行标准化、规范化、系统化的培养。不过经验和对市场的认识是需要时间的，作为新入行的人，虽然目前无法达到与我同等的水平，但经过培养可以不断提升，这意味着我将自己的能力圈放大了，而这样的团队的战斗力就可以呈几何式地放大。

好买： 在理念的形成过程中，有哪些人的书籍对您影响比较深刻？

罗晓春： 影响最深的肯定就是那几个人：沃伦·巴菲特、查理·芒格、菲利普·费雪，还要加上另一个完全不一样的人，交易天才利弗莫尔，这几个人给我印象最深。利弗莫尔的本质思路与汉和的超长期价值投资有很多共性。举个例子，他专门强调说，**如果方向是对的，就一定不要在其中做波段。**这个和价值投资本质上其实有很多的共性。

利弗莫尔的很多想法其实与我们现在所谓的超长期价值投资一点都不矛盾。他很看重基本面，他说："我永远不会基于没有基本面的事情纯粹去赌个筹码。"有基本面，守住头寸，忽略期间所有小的扰动跟波动，最后赚到大钱。他这个投资思路对我印象很深，因为**当我发现最大的投机分子跟最注重价值投资的人想法是一致的时候，我知道这个想法一定是对的。**

其实我真正常看的大概也就七八本书，但这七八本书每本我都读了二十多遍。

好买： 能和我们分享一下具体是哪几本吗?

罗晓春： 不论哪本书，其实我现在读和两三年前读感受都是不一样的，除非我的思想境界已经和作者一样高了，但实际上远没有达到沃伦·巴菲特、查理·芒格等人的水平。那么其实当时自以为懂的一些东西其实并没有懂。就像汉和的投研团队成员一样，他们以为完全理解了我所有的想法，其实并没有。比如每过一段时间，他们会说："罗总，原来你是这个意思。"我说："我这话不是早说了吗?"他们就会说："对，当时您是说了，只是那时我以为我理解了，但实际上我根本没有理解。"这就是私募行业很有意思的地方，永远在进步。

我记得有几本书写得特别好，如《战胜华尔街》《股票大作手回忆录》

等，还有一本特别好的书但读起来比较枯燥，就是沃伦·巴菲特的《致股东的信》。格雷厄姆的《聪明的投资者》也不错，里面的一些例子特别好。还有就是查理·芒格很多的大学演讲也很好。

我觉得查理·芒格在思想上，比沃伦·巴菲特更伟大，非常深刻，也成体系，虽然大家觉得他可能不如巴菲特富有。相比巴菲特，他起步很晚。巴菲特从五岁开始赚钱，查理·芒格从 35 岁才开始，这 30 年的差距无法追回。一旦优势确立，基于同一时间和环境去博弈，而且用相同的方法，就很难超越了。但这并不影响芒格思想的力量，这一点巴菲特自己也是承认的。

超长期价值投资者眼中好股票的判断逻辑

好买： 对于组合中的标的，您是如何进行挑选的?

罗晓春： 比如我们重仓的一只标的，是在两三年前我们就持有的。初始的占比大约三个点，后来加到五个点左右，一直在持续地跟踪，今年的某个时候，我们发现了拐点，所以就把这只标的的仓位加高了一些，持续表现很好。

在挑选标的方面，我们是比较严格的。这是我一贯的思路，经过整个投研体系的梳理，可能 100 只股票中最后我觉得好的就一只。一个标的不仅本身要具有价值，价值还需要能在不远的将来可以得到兑现。**有的标的很有价值，可能现在市值 100 亿元，实际值 1 000 亿元，但是必须确定它在不远的将来能把价值兑现出来，否则我们不会去买它。**如果只是觉得它很有价值，但没有考虑价值兑现的过程，那就比较糟糕了。有的个股在过去的五年中也翻倍了，但我们没有买的原因就是始终没有发现一个驱动因素能让我们相信其价值可以在未来比较快速地兑现。所以我们的核心是买入一个很有价值的标的而且要能在不远的将来兑现。

好买： 能给我们举个例子吗？什么样的标的属于有价值但是价值没有快速兑现的？

罗晓春： 比如某只研发驱动的标的就是这样。它未来可能创新的产品品种繁多。但是这家公司最大的问题在于研究的领域过于分散，摊子铺得太大，一直没有形成拳头产品。如果专心单做某一个产品，那么它的市值可能会迅速提升，这就是它的价值。不过它远没有把真正的潜力和价值释放出来，所以我们对其进行了长期的跟踪，但可惜的是，公司管理层这么多年始终没有让我们看到他们有动力去完成这个事情。那我们就只能继续跟踪它。当然，如果持有二十年也许能赚很多钱，但我们还是要讲究资金使用效率的，所以只会跟踪却不会买入。

其实这些都是很朴素的道理，**很多投资人都会觉得是很简单的逻辑，但实际上却又是一种很深的洞察力，这就是大道至简。**我们一直培训所有的员工，他们就能感受到这个点，我们叫作痛点，如果没有这个点的话我们是不会去买入的。

好买： 您通过什么样的一个机制去发现公司的价值？

罗晓春： 我们对价值的理解是比较深刻的，价值不是静态的、僵化的，不是以 PB 或者 PE 的高低为标准，而是在充分理解了整个上市公司的商业模式之后，对其应该拥有的市值的描述。价值是对常识的理解，对人性的深刻洞察，对宏观经济以及产业趋势高屋建瓴的判断。

具体来说就是把上市公司真正当作一门生意，考虑围绕其价值的方方面面。在通盘考虑了这门生意的业务模式、竞争格局、发展前景和管理层意愿等之后，得出整个上市公司应该拥有的市值，再来和现有的市值进行比较。

好买： 挖掘价值的过程，你们会进行一定的归纳吗？

罗晓春： 我们当然会对日常投研过程中遇到的问题进行总结，这个更多的是体现在研究员，尤其是新研究员理解、把握和运用我们的投研体系的过程中。研究员一般在来汉和第二年左右就会觉得自己上了很大的一个台阶。刚来的时候觉得海量信息，抓不着重点；过了半年，觉得自己好像可以找到一些重点了；又过了半年，觉得自己还是不行；然后再过一年时间，就会突然觉得好像上了一个台阶。所以，**价值挖掘必须在市场中得到各种实际案例的历练才有深入认知，因为没有公式或者模板可以套用。**

好买： 您怎么样看待选个股和宏观的关系？在个股分析上，您会看宏观的影响吗？

罗晓春： 我们对价值的理解，都是从最本质的角度出发思考问题的。也就是说，如果这个标的的价值影响因素有宏观的因素，研究员就必须去分析宏观因素，如果说个股和宏观相关度比较高，我们就要重点看宏观，比如研究银行不可能不看宏观，保险也不可能不看宏观。

好买： 您如何看宏观经济未来发展的趋势，担心所谓“国运”吗？

罗晓春： 所有看空的言论比看多的言论听起来更有道理。为什么？因为看空的短期因素实实在在摆在这儿了，看空的言论只需要去分析这些困难就可以了。写篇文章详尽阐述中国经济目前面临的各种问题，就很容易获得投资者的共鸣。而乐观的言论为什么看起来没道理？因为乐观的言论只有一条——这些都会过去的。这听起来总像是在忽悠人，说会过去的，为什么会过去？

这基于几个前提条件。首先，要相信整个中国的文化，相信这个民族。**你要是把中国历史包括近代史全看一遍的话，就会建立起这种民族自信。**不说远的，咱们就说近的。1998年，国企改革叠加当时的东南亚金融风暴,大量工人下岗；2001年，美国的IT泡沫破灭，带来了可怕的危机；2008年，全球极其可怕的金融风暴来袭，这些我们都走过来了。和过去这些困难相比，现在又算什么呢？

其次，现在所谓的经济困局，其实都是国家主动调整的结果。从根本上说，不是经济真正碰到什么问题，而是我们为了长远更好地发展，主动调整的结果。

实际上中国当前的问题根本不是有效需求不足的问题，而是我们为了长远更好地发展主动收缩而导致的短时间出现一些反复。长期来看问题都是会解决的。比如国家的环保趋严，短期对一些经济有压制，但追求的是更有质量的增长。

最后，真实需求难道没有了吗？**看看股市觉得中国经济都要崩溃了，但你去商场看看，去各个餐厅看看，再看看居民线上消费能力，这样的消费能力你能说经济出了大问题？反正我是不相信。**可惜的是，所有这些分析听起来都是那么的苍白无力，远不如列几个表、做几张ppt、画几个曲线，谈论杠杆到底有多可怕听起来有深度。但事实一定是向好的方向发展，这个信心大家要有。

好买： 很多企业也是从人性的角度去理解的。

罗晓春： 我总跟团队说一点，**要透过人性去理解企业，不仅仅是通过财务报表。**财务报表是什么？财务报表是 double check。就是你先想明白之后，再去看财务报表能不能支持你的这个逻辑。比如咱们做尽调，只有把这个公司的每个细节全了解一遍，发现没有矛盾之处才可以。但相反，**如果聊得很好，但突然发现有些地方和财务报表好像对不上，有点儿矛盾，这时候即使仅仅是内心的一丝阴影，你也不要忽略。**至少要存疑，持续地跟踪、观察。什么时候发现原来聊的东西说得通了，那才可以。这笔生意是好生意，只是原来理解得不到位。有些时候你会发现，其实他就是不对的，而且这种情况占大多数。

无论一个上市公司的管理层怎么讲，只有他讲的东西、公司呈现出来的产品竞争力、管理层的价值观，包括管理层所有的发言和过往历史的行为，所有这些能够一以贯之，我们才能相信它。比如，我们不会在对一家上市公司一无所知的情况下对其进行调研，我们需要听上市公司怎么说，更多的，还要看它怎么做，所有的东西结合起来，才能下一个判断。

流程化的团队培养机制

好买： 您培养研究员的机制是怎样的？

罗晓春： 我们都是一个个带起来的，这是体系的一部分，因为我们非常注重流程化。一个新人进来，他立刻就能知道应该干什么。如果来了之后始终处于根本不知道自己在干什么的状态，今天头儿让你干这个，资深的说你干那个，那么他的成长就会很慢。**我们的研究员一入职，早上学写早盘分析，当然会有指导老师，他写完之后就给指导老师看。每两周要写周报，要把自己覆盖的行业全部都看一遍，然后还要写深度报告。**在这种体系下，他每时每刻都知道自己该干什么，自然成长得很快。

同时，我们也会给每一个新研究员配指导老师，不是配一个，是配两个，所以是双导师制度，就是主副导师。对新研究员的要求与老研究员是一样的，看公司，做研究。主导师对主要的培养过程负责，每一个时间该做什么，每个研究部分该如何去看，最后的结论是怎么得出来的，全程关照。副导师是在主导师有其他的重要事情，或者在飞机上联系不上的时候，承担主导师的责任。这就是我们自主培养研究员的另一个好处，大家的理念都是一致的、共享的。

好买： 您认为研究员成长过程中最重要的因素是什么？

罗晓春： 举个例子，有个研究员看好某一个公司，我让他去跟踪另外一个同行业的对标公司。他一开始是很抵触的，觉得后者的基本面比他自己看好的标的弱很多。因为同样的业务，后者虽然是行业中体量更大的公司，但在新业务的布局时间较晚，目前的销售体量也较小。而我跟他谈，这两个股票的本质都是一样的。估值影响的是：如果你投资对了，前者也许有5倍空间，后者可能两三倍空间，涨得可能会少一点。但绝对不会说，这个业务是一个很好的业务，一个标的可以涨很多，但另一个标的不涨甚至是跌的，这是不可能的。同时看两个标的的好处是可以相互印证，市场随时在变，也许之后的判断会截然不同，没有必要局限自己。这种思辨能力只有在市场上沉浮了很多年的人可能才能体会得到。

这样的例子还有很多，刚入行的研究员难免会有这样或者那样的执着，要给他犯错的时间和空间，不断地教育，时间久了就会逐步成长起来了。

实际上，他现在为什么比之前更成熟了，就是因为他看到我说的是对的。从今年三月份左右到九月，两个标的的涨幅其实不相上下。随着这种积累，他就慢慢能够体会明白，原来指导老师说的是对的。

好买： 研究员的绩效考核跟这个东西如何挂钩?

罗晓春： 研究员最主要的工作就是做好研究，按照公司的流程把所有的事情做好，那么结果是怎么样就怎么样。我们不会用绝对的结果涨跌幅作为评判标准。**如果事实证明一个行业确实没有机会，研究员把所有工作都做得很好，然后告诉我没有机会，他就是一个非常优秀的研究员。**因为帮公司组合避免了买入不符合我们投资理念的标的的风险，所以绩效考核就不会差。

好买： 如果研究员推荐的股票下跌幅度很大，他仍然很坚持怎么办?

罗晓春： 每个年轻的研究员都会犯这种错误。没关系。我很清楚以他们目前的资历什么事情能做对，什么事情是看不到的。**这个是必然会犯的错误。但依然要给他们成长的空间。**

好买： 您不会基于他们的结论来买入，而是基于他们研究的内容?

罗晓春： 对，因为我足够自信。我是基金经理，作为最终的决策者，要对一切结果负责任，所以他们的结论是否正确，对我来讲并不是最重要的。只要逻辑和细节都是成立的，那么结论就没关系。我当然希望研究员的结论是对的，但是现在不能苛求他。因为他是研究员，不是基金经理。

两年前，有研究员不看好某只我们重仓的个股。他不看好有自己的理由，我能理解他犯的这种错误。估值贵，利润释放要等很久，增速会放缓。听起来这些理由都很有道理。但市场不是这么思考问题的。市场思考的问题是当这家公司临近新产品释放点的时候，如果它的释放是顺利的，那么市场不会看短期利润，即使利润增速放缓，市场甚至还会抬高它的估值水平。事实证明我的判断是正确的。但这个思辨能力绝对不是一个入行五年的人能具备的。他没有这样的经验，那对他的要求就不能过高，否则就错了。

另一家上市公司也是一样的情况，当时估值 30 多倍，公司一直说能实现 30% 的增长而且管理层的股权激励已经完成了。开电话会议时，他们都说很看好自己的公司。研究员去调研时也觉得它是个很优秀的公司。但我对研究员说，市场不是这么看问题的。一个估值 30 多倍的公司，只维持 25%～ 30% 的增长。如果预期公司之后的竞争会加剧，那么市场会杀低它的估值。随着其他同类公司上来之后，大家开始打价格战。的确，它的利润实现了 25% 的增长，但市场将其估值水平从 30 倍一直杀到了不到 20 倍。这种思辨能力是需要长时间培养的。

好买： 你们的分工就是基金经理对结果负责，而研究员只对研究的过程负责，我觉得这点是很重要的。

罗晓春： 想要成长为优秀的基金经理，至少需要在这个平台干10年。这不是我危言耸听。**很多个股的涨跌似乎是很简单的逻辑关系，但是没有经历过市场牛熊，就无法了解这些涨跌的逻辑。**经历过2008年从6000点杀到1600点，所以我知道说30倍便宜是不靠谱的。比如某公司3倍估值，研究员说这个可以看好。我说它现在3倍，谁知道明年会不会变成30倍，会不会变成1.5倍，低了能不能再低？还有些板块也是一样的，研究员一开始觉得估值低，但整个板块从他最初看的15倍杀到了最低的5倍。

研究员推荐的时候看到的都是相对积极的层面，而忽略了可能在那个阶段负面的因素会占主导。现在市场悲观了，甚至有人说宏观经济拐点到了，可能反而是整个乐观因素要起来了。未来怎么走不知道，需要时间来验证。

关键的一点是，**这行没有百分之百的正确。我可能是错了，但是我至少知道我是怎么错的，**错在哪儿，想想有没有可以改进的办法。

好买： 您就是通过不断学习、发现问题的方式引导和培养研究员的？

罗晓春： 汉和已经形成了一套体系文化，可以快速培养研究员。这个听起来很虚但实际不虚。这套体系文化其实确定了公司的价值观，这会影响一批人，因此我们的员工队伍很稳定，因为大家都认可这个价值观。他们当期收入很好，同时觉得有前途，喜欢这种工作氛围和对未来的希望。

好买： 现在的产品要素和设计也会持续下去吗？

罗晓春： 我们现有的产品设计是零固定管理费+三年锁定期。**零固定**

管理费与客户利益高度相关，不帮客户赚钱，我们也一分钱不拿，这个深受客户认可，所以到现在为止五年多时间，我们的客户赎回率非常低，这在行业里面都是罕见的。

而锁三年本质上是帮助客户成为一个长期投资者。因为很多时候基金的净值是上涨的，但客户都不赚钱，原因就是拿不住。所以我们就从制度上定下来，帮助客户长期持有。**其实中国资本市场非常适合长期投资，拿得越久，赚钱的概率也就越大。**贯穿其中的，就是客户长期收益最大化的价值观，我们高度重视客户的利益。所以从这个维度上来说，我们当前这种产品设计会持续很长时间。

当然可以有不一样的设计逻辑。比如锁定期内不提业绩报酬，但收一部分固定管理费。或者形成阶梯型的业绩报酬提取比例，体现优质优价的原理。这种产品设计的逻辑虽然不一样，但与客户长期收益最大化的价值观并不冲突。**可以确定的是，我们永远不会为了新的渠道，牺牲老渠道的利益；永远不会为了新客户，牺牲老客户的利益。**这个也是我们的价值观，价值观是不会变的，变了就不是我们了。

好买： 我们评价私募有个一致性原则，您说的这些和我们的一致性原则有些类似。

罗晓春： 就是这个意思。你要看我们有没有什么地方是矛盾的，要是觉得有矛盾，比如我们一方面说一致性很好，但是产品完全不复制策略，那肯定就有问题。我们一直强调价值观，在投资、产品设计、公司运营以及人才培养层面都是一致的。这其实也是一个非常简单但有效的评价体系。

好买： 在人员招聘上，汉和有哪些要求？

罗晓春： 我们现在不网招了，**要求必须是纸质版简历，而且必须要写自荐信。**前段时间我们刚举行了一次招聘，收到大概 110 多封纸质版带自荐信的简历，但评估以后一个都没有招进来。不是说这里面完全没有合适的人，只是现在人数不多的时候，我们还是希望保持一个精兵政策。对我们而言，培养一个人才需要很高的成本，很花时间，所以在目前还能够处理所有事情的时候，我们用人不会太多。当然将来如果规模扩大了，会考虑招聘更多合适的研究员。

罗晓春投资金句

QUOTATION

❶ 未来只有好公司与坏公司的划分，价值才是市场区分度的标尺。市场所谓大票小票的分歧并非本质，市场只是通过大小票风格转换完成对价值的修订。短期投资者在思维问题上容易有这个盲点，过度关注上市公司这个季度的业绩如何，下个季度业绩如何。而我们跨过所有这些东西，从更宏观的角度去考虑这个问题，这个企业到底该值多少钱？与现在比有没有巨大的上涨空间？如果未来有 4~ 5 倍的上涨空间，而且兑现的时间在 5 年以内的话，那这就是个很好的标的。

❷ 价值投资并不能简单地理解为投资于白马股，价值与长期两个因素缺一不可。对于价值的理解应包括以下几方面内容。第一，价值是基于常识的洞察力；第二，价值是对人性的深刻理解；第三，价值是对国家和产业未来长期发展趋势高屋建瓴的预测。

❸ 做好投资也许需要一定的专业知识，但比专业知识更为重要的是对常识的深刻理解。自然界的事物以及人类社会的运行规律都有其内在规律，是平衡的。做投资需要掌握这种平衡，而对这种平衡的理解就蕴含在基于常识的敏锐洞察之中。

❹ 投资是关于人的活动，无论投资人的行为方式、投资标的的兴衰更迭，还是市场的潮起潮落都是人参与的结果。因此，只有对人性的深刻理解，才能逐步触及投资的本质。

❺ 历史不会重复，但总是押着韵脚。只有用一个足够高、足够广的视角去审视这个世界，才能发现在一个较长时间维度下的真正价值所在。

❻ 投资没有固定的模板，以我们的持股组合为例，如果只看 PE 的话，有 100 倍以上的，也有个位数的，市值从几十亿元到上万亿元的都有。但无论市值、 PE 还是单纯的财务数据，都不会构成我们选股的决定性因素。

❼ 简单地设置一个数值作为平仓止损线，并称之为风控是无效的。我们认同的风控理念是： 价值是最好的风控。简单地说，花 1 元钱去买价值 5 元钱的标的，而不是花 1 元钱去买价值 5 角钱的标的，所以在买入前知道标的到底价值几何很重要。

❽ 我们将更多的精力放在做好事前风控上，因为无论事中事后的风控做了多少工作，终归是风险发生之后的补救措施。就像银行放贷一样，一定是事前做各种尽职调查，保证这笔贷款可以回款，而不是先想只能还 80% 的时候如何抽贷。

❾ 短期资本市场将如何演绎无法预测，但穿越迷雾的方法却一以贯之：选择并长期投资于价值被低估的标的才是投资者获取长期收益最大化的最佳方法。

❿ 乐观不是因为无所畏惧，而是因为知道要去的地方在哪里。

身材高大微胖，戴着一副眼镜，有一张憨笑的圆脸，金斌给人的感觉——朴实宽厚。

这样的形象下，很难想象的是，他在投资上非常灵活。

泡沫化的市场中，他既不踏空也不套牢，保持灵活的同时也彰显谨慎。正如金斌常说的，“股市最怕的不是缺少机会, 而是怕错了翻不了身。”

投资有什么诀窍吗？有时其实也很简单，避免愚蠢就能做得出色。

丰岭资本　金斌

买傻子才会买的股票，让聪明人去互相伤害

金斌

丰岭资本　董事长、投研总负责人

- 两届“金牛奖”得主。
- 厦门大学统计学硕士，自 2001 年起先后在国泰君安（香港）研究部、国泰君安研究所、银华基金等公司工作，分别担任股票分析员、研究部总监、基金经理、投资决策委员会委员等职务，经历过几乎所有投研岗位，对 A 股和港股均有深入研究。
- 2013 年 8 月创立丰岭资本， 2013 年 12 月 18 日成立第一只阳光私募产品，长期业绩出色。

投资都是这样：回头看，市场脉络清晰，可是总“差之毫厘，谬以千里”；向前看，云山雾罩，敢问路在何方?买基金亦如此。持有人最难将息时，通常是在基金表现不顺的时候，或者是在基金表现繁花似锦但想加仓的时候。我们该以何种姿态去面对呢?

这篇要介绍的基金经理是丰岭资本的金斌。作为这几年兴起的新生代私募的优秀代表，金斌长期业绩很出色。2013 年 12 月 18 日成立的首只产品，至今五年时间，该基金走出了非常漂亮的净值曲线。

2018 年以前，“稳”一直是丰岭产品显著的特点，即使在 2015 年的极端行情下，丰岭产品回撤大的时候也没超过 20%，成功躲过三轮暴跌，在市场跌得最惨的三个月还取得了正回报，2015 年底净值就创出了新高，其他时间的回撤甚至未超过 10%。然而，2018 年情况似乎有所变化。截至 11 月 30 日，丰岭旗舰产品回撤在 20%以上。

“曾经有一段时间，我们把低净值回撤当成我们的目标，这其实是非常愚蠢的想法。熔断后的 A 股，很多优秀蓝筹股已经显露出非常诱人的投资价值。反复犹豫和纠结要不要去抄底，但最后守成心态过于严重，错失了低价买入优质股票的最好时机。的确是完美控制了风险，可是收益在哪里呢? 毕竟我们还是股票型基金，还是要看风险收益的平衡，看夏普比例，过分强调其中的一项，都会走偏。”2016 年下半年，金斌转变了思路。回头看，正是他对传统蓝筹股的加大配置为他在 2017 年带来了可观的收益。

同样，对回撤容忍度的提高，也让其在 2018 年面临短期压力。那么净值波动中，此时的金斌凭什么值得投资者长期信赖?

关于丰岭金斌的三个故事

1. 流水席

这是他在 2015 年牛市中的思考。

他把这种参与比作一场看似免费的流水席，“别人已经吃了好几年了，个个肥头大耳的。不去吃吧，馋得慌；去吃吧，又怕买单。我们后来决定派小部队去尝几口，但前提是绝对不能买单，所以定了几个原则：**第一，要站着吃，而且要站在门口吃；第二，宁愿吃不着，也要跑得快。**这么多人吃了好几年的流水席，这个单要是买起来，破产了也买不起。好多次，由于过分紧张，跑得太快，到嘴的肉又丢了。但我们从来没有后悔过，因为这是吃白食，少吃一块肉没有损失什么。”

2. 跳井

这是金斌在 2016 年面对银行股低估值却不受市场认可时的思索。

“这好比在荒郊野外，你让大家跳一口黑漆漆的枯井，估计没有几个人敢，因为不知道底有多深，哪怕事实上只有 10 厘米深。但是如果有人丢一把荧光棒下去，发觉枯井只有一两米深，大多数人都敢跳下去——**只要能探明底部，自然就会有勇气。”**

3. 不想给他推股票

关于金斌的第三个故事是我从别人那里听来的，有次碰到一个做投资的朋友，发现金斌是我们共同的朋友。聊起金斌，这位朋友表示很佩服其投资能力，但他接着说：“但我不想给他推荐股票，因为他很难相信你，总是很多疑问，觉得你推荐的股票会有问题。”

股市背后的投资密码

这三个故事，恰好对应金斌的三个显著投资风格： 灵活、重预期差、谨慎。

1. 灵活——活得更久

“想吃怕买单”的心理，“一吃三回头”的做派，刻画了一个灵活的家伙。灵活本质是对市场的尊重，认可市场存在即合理的一面，从而顺势而为。

那么这种灵活，是不是对基本面的背叛呢?芒格曾说过，投资最终的收益率和股票的 ROE 水平一致。伯克希尔 52 年的复合内生增长率和股价表现几乎一致，一个是约 19%，一个是 20%，完美说明了这一点。此中的关窍在于时间。如果时间足够长，长到覆盖股票这类资产的久期（20~ 40 年），从美国 200 多年的数据来看，持有时间 20 年以上，类似于一个收益率 7. 5%左右的债券。那么，任何的灵活，可能都是“巫术”。但如果引入时间的因素，灵活则是基于对产品特点的尊重。因为，从持有的期限来看，**公募基金普遍在 0. 6~ 1 年之间，私募可能稍长点，在 1~ 3 年之间，**远不能使投股票如投债券，能够起到减少波动的效果 (股票投资期限越长，年化波动越小) 。

金斌昔日被银华同事称为“白马王子” (善于用白马股取得超额收益)，他在 2016 年 6 月的月报中反思为何错过贵州茅台，是其为什么保持灵活的一个注脚。

“以今天的眼光回顾历史，过去任何时候卖出贵州茅台都是错的。但就算是贵州茅台这样的股票，从 2015 年的最高点到最低点，最多也有

35.8%的跌幅。如果再往前看，2012—2014 年初茅台跌幅 54%，2008 年跌幅 63%。这是什么概念呢?如果你是一家新成立的私募基金，不幸在 2015 年的高点满仓买入贵州茅台这样的股票，最低点你的净值将是 0.642 元，今天你的净值是 1.222 元。但许多人是等不到这一天的，因为大多数私募基金产品的清盘线设在净值 0.70~0.80 元。在证明你有超群的眼光之前，你已经被市场当成一个傻瓜淘汰了。”

“所以**对于私募基金来说，无视中间股价波动，以上限仓位买入一家看起来不错的公司长期持有，似乎并不是一个完美的解决方案**。私募基金的确是比公募基金难做得多，不过这也没有什么好抱怨的，因为私募收费比公募基金要贵，大家对你的要求更高一些，也合情合理。”

再引申一点，从中短期看，股市的投资处于三个维度之中：规则制度层面、基本面层面（估值与价值）和交易的层面。第一维决定着估值体系，比如定增的限制、注册制的实施，直接宣告了“壳”价值的破灭；第二维决定着股市的能见度；第三维主要受情绪的扰动。三个维度相互作用，特别是在“新兴+转轨”的 A 股市场。**凯恩斯说，长期来看，我们都死了。熊市总长过你的忍耐期，保持适度的灵活性才能活得更久，穿越牛熊。**

2. 重预期差——活得更好

灵活如果没有“锚”则往往成为趋势派，随波逐流。金斌的“锚”在价值投资，在于预期差。有人问道：“丰岭究竟是成长还是价值？”他这么回答：“在我看来，如果你有一套合理的定价方法，并以此作为投资决策的重要参考，那就是价值投资。从这个角度来说，成长是价值的一部分，而不是对立面。所以我们对上面问题的答案是，我们不是你想象中的成长投资者或者价值投资者。**我们什么股票都可能买，关键看预期差大不大，预**

期差大就有投资的价值，不大就没有。更进一步，你对这个预期差有多大的信心?信心足就值得重仓，信心小就只能试探性地买一点。这是我们的全部秘密! ”

预期差，本质是逆向投资，是市场一致预期与自我对股票价值认识的一个差距。这个预期差，在事实面前会逐步收敛。这就是金斌所讲的“井”的故事中所说的，当有荧光棒丢下去，看清楚井底之后大家都敢跳了，也实现了预期差的回归。

这种逆向风格，敢于寻找预期差，可能和他一直比较“倒霉”有关。

金斌曾说起过自己工作的经历。毕业不久， 2001 年到国泰君安 (香港) 研究部上班，由于是新人，领导安排看当时少有人关注的“傻大黑粗”的家伙，钢铁、有色等。结果不到半年，轰轰烈烈的大宗商品超级大牛市就启动了。 2003 年 8 月份转到国泰君安研究所，大宗商品行业已经轮不到他看了，只好去负责暂时没有人研究的家电，被分配到 TMT 小组，当时家电行业比较热门的是数字电视概念。他看来看去，发觉白电行业的格力、美的其实更好，苏宁电器尤其好。当时苏宁刚开始全国扩张，每年业绩翻倍增长，当年及第二年市盈率分别只有 16 倍和 8 倍，看到其高增长低估值，金斌激动地写报告劝客户赶紧买，一直拿着不要卖。很多同事都劝他， A 股喜欢低价股，基本面行不通。事后看来，那段时间正是挖掘基本面牛股的最好时期。

2004 年转到银华基金工作，金斌除了负责家电行业之外，还要负责研究电力、煤炭及旅游行业。由于电力行业是前一年的“五朵金花”之一，电力行业分析员都自觉高人一等，煤炭行业分析员处于鄙视链的末端。一旦对未来煤炭价格走势产生分歧时，电力分析员总是盛气凌人，煤炭分析员则普遍底气不足。但事实上从那个时候起，电力行业的股票一直在给投资者亏钱，煤炭行业反而才是“明日之星”。再后来，金斌去研究食品饮料及农业行业。 2005 年的熊市使得大家普遍丧失信心，而当时却是茅台开启长期上升通道的起点。 2007 年，金斌开始负责部分研究管理工作，团队的金融和 TMT 分析员不愿意去北京，他自己顶上去看了小半年金融行业。当时，很多 TMT 老兵直接劝他不要找 TMT 分析员了。事后看，那时正是布局 TMT 最好的时点。

预期差，实际是在基本面价值上打个折，人弃我取中求得安全垫。

3. 谨慎——骨子里的底色

回到了第三个故事，恰巧又和金斌说的一番话相吻合。**他说，针对自己看好的股票，最喜欢听别人说的是为什么不看好。**知道所有不看好的原因后，经过自己的分析，如果这些因素可以排除，才会买入。如果无法排除，那就不买。如果总有人在给你看好的股票提意见，你就会明白那位卖方仁兄的想法。

金斌这种谨慎是骨子里的谨慎，凡事都有底线思维。说到第一次工作的情形，金斌说他那时到年底一看工资，觉得自己就写写报告，好像不值这么多钱，是不是领导搞错了，万一明年不好，会不会不让干了。最后想了想，大不了回家种田。

在出来做私募这件事情上，金斌的思维模式也是一致的。 2013 年金斌准备从银华基金离职时，并没有预见到随后两年波澜壮阔的大牛市。他把自己定义成一个相对保守型投资者，因此相信自己在熊市里更容易脱颖而出。所以他其实是准备面对 2~ 3 年熊市的。当时的如意算盘是，在熊市里慢慢熬两三年，积累起不错的业绩记录，或许能在牛市到来之前募集到一笔可观的资金，接下来就能站着挣钱了。谁知却提前碰到了 2014 年、2015 年两年的大牛市。

因为谨慎，所以选择预期差，以价值打折为主线；因为谨慎，所以灵活，总怕成为“买单人”；因为谨慎，总是把风险考虑在前面，风险控制好了，长期业绩自然就来了。

基金经理金斌的靠谱

2018 年以来，丰岭产品有回撤，这和 2015 年指数大幅下跌时、2016 年初熔断时表现都不一样，没有当时的“英明神武”。那么，丰岭的产品还能持有吗?

其实这要回到怎么选基金的话题。选基金本质是选人。选基金相比选股票是一个降维的过程。选股票时，至少要考虑到“三碗面”：政策面、企业基本面和情绪面。而在选人的过程中，不论从多少个角度去看，都是在选一个信得过的基金经理。什么是信得过的基金经理呢?是业绩排名一直靠前吗?是回撤一直很小吗?其实都不是，信得过的基金经理就是回撤时能拿得住的基金经理。

什么样的基金经理，会让投资者回撤时拿得住呢?一般要问三个问题：他赚钱的方式是什么?这种方式上他有优势吗?未来还能赚到钱吗?

金斌的方式就是防守反击，选择的是有预期差的品种。他在这种方式上的优势在于骨子里的谨慎以及行业覆盖面的广泛、人脉的深度，使他总能找到预期差。相比于全攻全守，防守反击的方式虽然在比赛中不被那么看好，但结果往往不错。

在这样的时点上，能打动投资者的一定不是数字，因为数字是变化的，这个时候，看的是对投资内在的理解，以及对投资理念的信仰。

在金斌的身上，可以看到许多优秀基金经理的共性。

1. 善于反思

看金斌的文章，几乎没有什么掩饰，他会袒露自己的不完美之处，诸如他在 2015 年 5 月发表的《在 A 股，为什么机构业绩会不如大妈?》、2016 年 7 月发表的《丰岭资本：我们为什么错过了今年的贵州茅台?》、2017 年 8 月发表的《丰岭资本金斌：那些年我交过的学费之一》等文章。他自己也说："我们的每一次进步，几乎都是源于对失误的反思。"

同事说，金斌是段子手。仔细看他的文章或和他聊天时，总是能收获一些"金句"。"一种盈利模式本身的流行，会充当它自己的掘墓人。"

"如果你想赶上每一波大涨，一定会赶上每一波下跌。"

"风格有多重要，你就有多幸运。"

比如谈到 2017 年买什么股票时，金斌说，**"当聪明人越来越多，韭菜越来越少时，最后不是聪明人割傻子的韭菜，反而变成了聪明人之间互相伤害"**，因此要"买傻子才会买的股票，让聪明人去互相伤害"。

他的思考，很多是从正反两个角度去看问题。

2. 不断学习

在金斌的文章中特别提到的书有：《似火牛年——华尔街股票历史上的非凡时刻》，牛市是"压低的估值+ 意料之外的货币放松"；《投资者的未来》，新兴的产业和公司往往不如那些几十年前就已经建立的老企业;《随机致富的傻瓜》，关于运气、偶然性与必然性;《股票作手回忆录》

《非同寻常的大众幻想与全民疯狂》，反观市场的情绪。

3. 理性分析

角度成就深度，而投资就是一个认知变现的过程。 A股的二元论认为， A股在于两类不一样的人，一类是制度套利和事件驱动，注重短期；另一类是基本面与估值分析派，注重长期。这使得“贵及便宜的股票，都在中国”。

2016年底当人民币汇率持续贬值，不少重量级人物跳出来说， 7.5甚至8时，金斌认为恐慌压倒了基本面。当时他主要的论据是从日本看，贸易顺差大幅增长，对日元形成强烈的支撑，转而反观全球贸易中国一直是顺差大国，汇率崩溃的可能性微乎其微。

从众是人的天性，独立思考才弥足珍贵。如果我是丰岭的持有人，这个时候我会继续投金斌一票。

丰岭资本团队成员

- 深圳丰岭资本管理有限公司（以下简称“丰岭资本”）成立于 2013 年 8 月，公司投研团队来自国泰君安证券、银华基金等著名金融机构，基本面和估值研究功底非常扎实，覆盖范围广，对港股和 A 股均有深入研究。

- 公司投研团队经历多轮牛熊检验，是证券市场上坚韧的老兵。丰岭资本坚持基本面驱动的价值投资，同时关注企业的预期差，精选性价比高的标的进行投资。

- 公司一直秉承事前风控的原则，把风险消除在萌芽之前，通过事前、事中、事后三层风控控制下行风险。

（数据来源：好买基金研究中心。数据截至 2019 年 3 月 19 日）

对话

DIALOGUE

丰岭资本 金斌

赚钱的时候，

人往往很难进步。

访谈时间：2018年7月

研究员从 0 到 1 的进化

好买： 您的第一份工作是在券商做研究员，当时为什么选择了这个行业？而且当时您去的是国泰君安香港公司，没有考虑留在内地吗？

金斌： 我的专业是统计学，当时的想法比较理想化，认为股票研究涉及数据层面，在这方面我会有一些优势。那时候想加入券商的原因有两点：一是这个行业收入还可以；二是中国各行各业都处在向市场化转型的过程中，其中**证券行业是市场化程度最高的行业，这个领域最不用靠关系，是付出努力就有回报的行业。我个人没有什么背景，所以愿意进入这个行业。**

2001 年进入国泰君安。2001—2002 年的市场刚好是大熊市，很多机构不招人，当时国泰君安香港公司的业务主要是做中概股、港股的 H 股、红筹股等研究，找中国人来做研究比外国人更加合适。那个时候国泰君安的国际业务部在内地招人，办公地点不在香港，而是在深圳。我之所以能进入，主要是因为厦门大学一个同系的师兄正好在国泰君安研究所工作，有次他回学校，我把准备好的简历通过他递交，通过面试后他们就要了我。

好买： 2001 年至 2002 年，大宗商品研究比较冷门，为什么您会选择从这个行业入手？

金斌： 我刚从学校出来，没有什么经验。如果一个行业比较热门并且有很多人关心，应届生很难比市场上其他人研究得更好，研究报告也会写得不深入，如果这样的报告给客户看就会影响公司的形象，所以领导一开始分配了冷门的行业让我慢慢去练习上手。当时是领导安排我做什么就做什么，完全不是自己选的。

一开始我完全不知道该怎么做研究，我的第一篇研究报告写出来给同事看，他们觉得很好笑。那之后，我就向研究报告写得好的人学习，不断地看他们是怎么写的、怎么思考的。 大宗商品不用太多的调研，主要是做数据分析、供求关系分析，需要大量地看资料，从招股说明书到每年的年报、半年报和季报。而学统计的好处在于，对这些数据可以做很多功课，最终对这些数据加以整理，这样就会有很多的积累。

现在如果去证券公司研究所工作，一个行业有很多人去覆盖，领导可能是这个行业的首席，给你安排一个很杂的活，内容模板已经弄好了，框架已经成熟，反而无法发挥人的主观能动性。这样就很容易被当作一个螺丝钉，其实不利于自身的快速成长。在我们那时候，不论新人还是老人，一个行业就只有一个人，这样研究的自主性就会高很多，独立思考也多，成长也会很快。做大宗商品研究大概半年后，突然这个行业就火起来了。

好买： 当时在券商做研究员是怎样的境况？收入怎么样？

金斌： 最开始工作的时候，工资都比较低，还没转正前，一个月工资大概 5000 元。刚转正时，因为熊市中公司效益不好，公司统一降薪约 20%，一个月工资变成 3800 元。我给你举个例子，你就知道当时股票市场有多差。我是 2003 年 8 月从国泰君安国际业务部转到国泰君安研究所。那个时候，我在上海陆家嘴附近的一个大厦租了房子，一房一厅，一个月租金大概是 1 700 元。**我签好合同，押金也交好了，这个时候房东问我是做什么工作的。我说我在证券公司工作，房东就不想租给我了，因为他觉得证券公司都是骗子。**最后我们沟通了好久，他才愿意租给我。从这个细节你就能看出，当时股票市场有多么差。而现在完全不一样了，如果你说是证券公司的研究员，感觉特别高大上。所以这个行业的变化还是很大的，周期性特别强。

好买： 您提到了券商研究员的变化史，什么时候开始感觉研究员的社会地位提高了很多？对这个行业的变迁怎么看？

金斌： 我觉得我们这个行业收入改善主要是靠评奖。今年分析师行业的一个重要评奖取消了，以前拿过很多次该奖的分析师，其收入有可能比证券公司的总裁还要高。这种情况在其他行业是完全不能想象的，所以证券行业特别重视人力资本。

在别的行业里，因为有资本所以你就是老大，你对员工的影响力也就非常大。但**在证券行业里，充分展现出来的是人的价值，资本反而是次要的位置。**正是因为研究员在市场上有这么高的价值，所以受到资本的约束会更小一点，其实这是最人性化的一个行业。对于没有背景的人来讲，这是一个最好的行业，能体现出人的价值。当然它也是一个比较残酷的行业。

好买： 在做基金经理之前，您研究过很多行业，像大宗商品、家电、电力、煤炭、旅游、食品饮料和金融等，这段经历对您后来的投资有怎样的帮助？

金斌： 从个人角度来看，我感觉自己很幸运，做研究员时可以研究多个行业，最开始研究的很多行业都是当时很少有人研究的冷门行业。刚开始没有什么经验，所以领导分配什么，我就跟踪研究什么，直到后来才慢慢有机会看一些比较热门的行业。在多个行业研究的过程中，发现股票市场其实没有好行业和坏行业之分。如果这个行业大家都不感兴趣，觉得没有投资机会，那么这个行业的股票就会跌得很便宜，相反则可能会有预期差的出现。所以很多时候买股票能赚钱，要不就是因为这个行业很好、基本面很好，好上加好，能持续超越预期赚到钱，要不就是这个行业不是那么好，价格已经跌得很低，它会提前反映很差的预期在股价里，但它又没有大家想的那么差，因为预期差，买这样的股票也能赚到很多钱。

做私募以来，我的观点依然如此，**行业没有好坏之分**。我们在任何时候都不会只看某一个行业，任何行业都有可能带来比较大的超额回报，关键是这个股票价格被预期反映到什么程度了。2001—2002 年我研究大宗商品，2003 年又去研究家电，家电行业在当时没人愿意看，大家都觉得家电很差。而现在回过头来看，家电是给投资者带来非常多回报的一个行业。所以总结来说，我们不会把任何一个行业看死，认为这个行业里面没有投资机会，基本上不会有这样的想法。

投研管理关键在于价值观引导而不是 KPI

好买： 金融行业对人力资源特别重视，普遍都是高素质的知识分子。

在银华基金期间，您就开始带团队，在管理投研上有什么心得体会？

金斌： 管理投研团队有两点体会。第一点是这个行业做管理其实很难。不论是管研究员还是管基金经理，管理的难度要比别的行业大很多。领导对员工的约束力没有那么强，而员工的市场化价格很容易体现出来并且得到。所以不能按照传统行业管理员工的方法来管理研究员和基金经理。很多行业会有一个很严格的 KPI 考核，我们当时也经历过很多次这种考核。最终发现，**如果有太多条条框框、限制细节的考核指标， KPI 越严格，有可能效果反而越差。**

我的感觉是如果对这个行业管得太严了，反而是坏事，但也不能完全不管。那么应该怎么做呢？其实最核心的考核点是如何激发研究员的主观能动性，而不是设置一套严格的标准和量化的数据来限制。这个行业中最后能做好的人，还是要靠主观能动性的充分发挥。在这个行业，你做得好和做得不好，市场价值差别也很大。就算不考核这些研究员，如果他自己很努力上进，哪怕在我这里他觉得收入不够高，可能换一个地方，收入就可以很高。所以总地来说，市场价值很容易得到体现。就像我刚上班的时候，收入不是很高，同事之间都会互相打气，哪怕工资降 20% 也要努力，为什么？因为你更加努力地工作，你的成绩就更容易被市场认可，那么哪怕国泰君安不给你涨工资，一定会有别的地方给你涨工资的。所以这个机构对我好不好，不是我努力不努力的原因。

在这个行业里面，真正优秀的员工确实不需要管理。所以对于我们来讲，要做的就是想办法让大家发挥主观能动性。股市好不好，你没法左右，但是你能左右的事，就是怎样激励员工，让他们有更好的动力去工作。

此外，要怎么引导团队，我觉得这很重要。投资和研究有很多种方法，每个人的工作方式都不一样，怎么让团队成员有一个正确的研究和投资框架去思考问题，这是管理者要考虑的。当大家有一个比较统一的价值观,这样在内部沟通起来才会比较顺畅。

投资这个专业与其他理工科类的完全不一样。比如学计算机的，电脑坏了就会修，不是学计算机的就不会修，但是做股票投资不是这样，我们经常会碰到这样的情况。一个人有 20 年的工作经验，他的业绩一直都非常好，而新来的一个小伙子什么也不懂。假设两个人一起开户买股票，很有可能这个新来的小伙子在未来一个月的收益会比这个拥有 20 年工作经验的要高很多。这种概率其实是很高的。所以，不是说你的投资水平高，你就百分之百地在任何时候都比别人强。**时间越短，不确定性就越大。但是，如果方法和框架是正确的，时间越长、次数越多，正确的概率就越大**，这在统计学上叫大数定律。比如私募行业的冠军魔咒，有些时候仅凭运气也有可能短期业绩会很好。就像扔硬币，假设你技巧很高，赢的概率比别人要高那么一点点。你有 60% 的概率赢， 40% 的概率输，那业绩其实已经很好了。但是就单次来说，你还是有 40% 的概率会输。如果扔 1 万次，平均下来你赢的概率就非常接近 100%，概率就会提高很多。

所以，我觉得做投资行业的管理者，需要引导团队成员的框架、方法、价值观在一个正确的轨道上,而平时的工作管理不需要那么严格。

好买： 从公募到私募，您觉得有哪些不同的地方?

金斌： 首先，投资目标不一样，私募追求绝对收益，公募追求相对收益。其次，压力也不一样。私募相当于创业，市场上有两万多家私募管理人，其中证券类管理人有 8 000 多家。如果按 8 000 家计算，我们要排到每年前 20% 是非常难的，这已经是很好的业绩了。排名在前 20% 也就是从第 1 名排到 1 600 名，想要每年都在 1 600 名以内，最终有多少家私募能做起来？最后，除了在投资上有压力之外，私募在经营上也会面临很大的压力。一般来说，出来做私募的投资水平和能力都是还不错的，那怎样才能让别人相信你有这个能力？别人为什么要相信金斌每年能做到前 20%？建立这个信任关系比较难。

不过，至少在投资上，不管是公募也好私募也好，方法和框架大部分都是相通的，但在运营上私募会有额外的压力。在公募做基金经理，是不用考虑经营的，只要把投资做好就可以了。以前我只是一个基金经理，而现在变成一个经营者，在投资和经营上怎样分配时间，这也是一个很大的难点。

永远不要把自己置于危险的投资境地

好买： 您刚提到了经营上面的压力，那在投资过程中，因为市场波动很大，基金净值有时会变动较大，基金经理通常会面临较大的压力，尤其是投资者没有赚到钱的时候。您怎么调节这个压力，怎么与投资者进行沟通？

金斌： 与投资者沟通，我觉得最好的方法是坦言我们怎么想的、怎么做的。**因为坦诚的好处是，可以管理客户的预期。**很多投资者把钱交给一个基金经理，他会觉得这个基金经理就是神，涨的时候要全部都涨上去，跌的时候一个都不能跌，最好能做到这样。但事实是，基本上没有人能做到。不过也有一些投资者是比较理性的，他知道你并不是神，你只要大概率上能做得好就行了，不一定每次都必须做得好。

市场这么大，有很多机会，也有很多陷阱，我们把自己做得好的地方、不好的地方坦诚地跟大家讲。一定会有些人觉得你有做得不好的地方，他就不选择你了，怎么办？我觉得不来关系不大，因为我们不能奢望得到所有人的认可，也不需要这样。但肯定也会有很多投资者认同我们的投资理念、投资策略和投资思路，最终他会留下来，这对我们来说已经够了。坦诚的好处是，知道我们有做得不好的地方，投资者依然选择了我们，认可我们，这些客户的忠诚度会更高一些。那么，这样的客户在投资上更为成熟，他的预期会更加理性。如果只把好的方面展现给投资者，不好的方面没有告诉他，就像谈恋爱、结婚一样，谈恋爱的时候只看到你的优点没看到你的缺点，那么即使结了婚，很快也会离婚的。

刚才说的是与客户的沟通方式，那自己的压力怎么排解？首先，我觉得对压力要有个正确的认识。这个行业本来就是压力很大的行业，如果你做得好，收入自然会高一点。既然你想多赚钱，那你为什么不能多承受一点压力呢？这个是相匹配的。很多人觉得做股票投资的风险很高，压力很大，但在我们看来，投资不同股票的风险是不一样的，承受的风险也有很大的差别。我当时从银华基金出来做私募的时候，给自己定的目标就是，收益率可能没有别人的那么高，可能有时候赚有时候赔，但有一点很坚定：不会赔很多钱。买股票，跌了百分之二三十，你就会发觉有很多人会来抄底，但是有的股票即使跌了 50%，还是深不见底。也就是说，有的股票是有底的，而有的股票是没有底的，所以在这种情况下做投资我们会做很多平衡。有时候不一定会买有可能涨得最快最多的股票，但是我们买的股票是有底的，我们对这一点还是信心十足的。所以**投资过程中会有压力，但是我们不会在下跌的时候完全没有信心。**

其次要在投资中知道改错，改错可以降低投资风险，减少未来大幅亏损的可能性，压力自然就会小一些。在做投资的过程中，要很自信，就是要觉得自己是对的，这个很重要。但是如果自信过头了，那就变成自负了。因为在这个过程中，每一个投资人每天都有心理情绪。如果股票涨了会觉得买少了，股票跌了会觉得买多了，每天都有值得后悔的事情。其实每个人都有可能犯错，但正如索罗斯曾说的，犯错并不可耻，可耻的是错误已经显而易见了你还不去改正它。

经常有人问我，“万一你对自己买的股票本来很有信心，它却跌了，你怎么办？”我觉得这问题问得就不太对，为什么呢？因为没有人买一个股票是指望它跌的，我也是奔着涨去买的。而这个问题的潜台词是：如果你认为你是一个价值投资者，股票跌了你就应该加仓，因为更便宜了。10元钱你都觉得要买，现在跌到8元了，难道你不应该多买一点？但是话又说回来，我们买一个股票不可能指望它跌，要知道会跌到8元，为什么不等到8元的时候再买呢？

如果10元钱买的股票跌到8元，有两个可能：一个可能真的是市场短期的波动，另一个可能是股价10元的时候有很多问题我们没看到。所以，赔钱的时候，首先要想自己是不是正确，其次要反思有没有可能哪些地方搞错了。这里面最关键的问题就是要不要坚持。如果百分之百相信自己是对的，那股票肯定能涨回来，肯定要坚持，但难点其实不在这儿。如果有百分之百的信心，谁都知道要坚持。最大的难点是10元钱买进时，不知道它会跌，结果它跌到8元，就一定有很多问题你没想到，那这个时候就要反思自己是不是对的。如果是对的，就肯定要坚持。但是万一不对呢？所以，这其实是更大的问题。最关键的就是，如果你是错的，8元钱的时候纠正了错误，就会减少很多损失，因为有可能它会跌到4元。

所以，**调节压力其实还是在于通过投资风险的控制，避免把自己置于危险的境地。如此，压力就不会很大。**

好买： 您提到看对看错这个问题，这是基金经理都会面临的难题。大部分人在做决策的时候信息没有那么全面，把不全面的信息纳入投资框架中进行分析，进而做出买入卖出的投资决策，而如果股价的表现和之前的分析有较大差异时，回溯来看，假设已经分析得很完善，那您会更有信心一点。但是如果发现分析系统或者是信息有缺陷，可能就会重新思考这个影响。那您觉得纠错上核心的点在哪里，有时候对错很难判断怎么办？

金斌： 很多人从一开始就假设基金经理是万能的，会准备得很周全，事实上没有一个基金经理能做到这样。那怎么判断基金经理有没有能力，或者说他能不能长期给你创造收益呢？最关键的是要看基金经理在犯错的时候怎么处理，怎么对待错误、改正错误、修正自己。很多人觉得一个基金经理的框架应该非常稳定。而在我们看来，**如果一个基金经理经常变化，投资框架总是大幅修改，那说明他可能没想好，但如果一成不变也意味着他没有进步**。我觉得核心就在于投资要不断进化，但是不能改得太频繁，要慢慢地进化自己。

怎么判断知道自己错了，这是最大的难点。首先要辩证地看待自己，有时候你并不知道自己是否错了，但是如果你很坚定自己是对的，你会坚持。如果你不是那么坚定，其实你可以往后退一步。假设这个时候突然发觉自己以前很坚持的东西现在没有那么坚定了，发现有很多问题没有考虑周全，那么在不知道自己是对还是错的时候，信心不足的时候，起码要把筹码要往下降一点，也就是仓位降低一点。只有在很有信心的时候，筹码放得比较重一些。

记得刚入行的时候，一个前辈跟我说，你不要着急，我们这一行最不缺的就是投资机会。所以，如果没有十足的信心，仓位可以低一些，万一错过了就算了，但不能犯大错。**从业到现在，我们的收益率在行业里面还算是比较高的。但就算是这样，我们也错过了无数次机会。**

那些说买了牛股的绝大多数人其实最后也没赚到多少钱。过去 50 年，巴菲特的年化复合收益率是 19.4%，但他是全世界的股神。而很多人对自己的要求太高了，觉得自己每年应该赚 50%，但其实是做不到的。太高的收益追求意味着不管有没有机会，你很可能都会下很重的仓位，那赔钱的时候就会赔很多，所以要有一个合理的收益目标。

灵活的基本面投资要靠持续反思

好买： 在投资标的的判断和选择上，一方面您比较有信心，能坚持，另一方面您也很灵活平衡，这是如何实现的?

金斌： 投资这个行业不是零和一的关系，而是一个循序渐进的过程，要靠时间慢慢地去积累的。做研究与做投资完全是两回事，有人做研究做得非常好，但是让他管钱却不行。所以，首先要在研究上有很长时间的积累，当看了很多的行业后，才会有比较，这是第一步。

其次是要有一定投资经验。很多时候基金经理的经验教训都是花钱买来的。**赚钱的时候，人往往很难进步**，因为赚钱都会自我强化很多意识，没有亏钱就没有动力促使一个人去改正。亏钱或赚钱很少的时候才会觉得自己犯错了，必须学习才能进步。过去这么多年，我们每次进步最快的时候就是赔钱的时候，只有这时候反思才会比较彻底，才会改正自己的很多缺点，才会上一个台阶，然后下一次才可能做得更好。这是一步一步，靠时间、靠犯错，慢慢积累，也就是花钱买的。

而在花钱买教训的过程中，也不是靠一两个案例就能促成转变的。第一次当基金经理时，我管理的资金规模将近 50 亿元。一开始是做组合投资，很难说哪个股票对我影响特别大。吃亏时一点小亏慢慢亏，赚钱也是一点小钱慢慢赚。所以基本上是一个慢慢积累的过程，最重要的就是想要成长，就一定要反思，一定要总结，特别是在赔钱的时候，更要总结、完善。

好买： 您比较偏向基本面投资，但像 2013 年到 2015 年的时候，垃圾小盘股满天飞，这种市场环境下，您怎么在基本面投资和博弈投资中做权衡?

金斌： 市场上，有人愿意做基本面研究，有人愿意博弈。我做基本面研究，是因为我相信这是投资赚钱更可靠、更可持续的一种方法。有些人不这样做，是因为他觉得这种方法不可持续。这背后反映的是对某一种赚钱方法的信任程度，所以说投资很多时候是路径依赖。

我是在 2001 年入行的，那时候可以看到很多坐庄、炒作、博弈的人赔得很惨。给我们的教训是，在股票投资这个行业里，基本面研究是比较靠谱的方法，是可持续能赚钱的方法。靠炒作投资，赚一次可以，赚九次也可以，但很可能一次就会全赔回去，所以我们从不这样做。

2014年，我们转型做私募，压力比在公募的时候大。除了业绩的压力之外，还有经营上的压力，所以考虑的问题会更多。这个时候我们会去研究市场上做得好的人，研究别人是靠什么方法赚到钱的，该方法到底可不可复制。**一开始的想法是如果不可复制，那就没必要学习。**我是学统计的，后来又做了很多回撤的研究，我发觉很多人讲了各种各样的博弈框架，那些东西我都不会。但是我最后发现，他们买的很多股票，其实赚的是一、二级市场套利的钱，这并不是博弈，套利在当时的制度框架中是可行的。了解本质后，我们才稍微做了一点点调整，也购买了一些中小票。

总地来说，首先要在理论上证明这种方法可以复制，然后我才会尝试用一下。如果它不是我能理解或者接受的逻辑，即使它很成功那我也没法学习。如果这只是一个统计规律，甚至是制度上的套利空间，那在制度没有变化的时候，我们可以去做一点尝试。其实也相当于借助量化的方法，寻找到一定的规律。

好买：以后会做大类资产配置，做股债这种组合产品吗?

金斌：这其实是一个权衡。如果觉得股票能赚更多的钱，当然更愿意去投资股票。我们的主业还是股票投资，只有觉得股票不好赚钱的时候，才会去想做一些别的配置。虽然也经常去看固定收益，但这并不是我们最有优势的地方。

好买： 您会让自己的孩子做投资相关的工作吗?

金斌： 这个不能强求。上一代的人都很穷，哪个行业收入高，就去做这个行业，要多赚一点钱。当解决了温饱问题之后，我觉得兴趣是最好的老师。如果你喜欢一个行业，你做得好的概率就很大。如果你不喜欢这个行业，哪怕这个行业很好，那也很难做好。而且投资这个行业的特点是，做好了会做得很好，做不好赔钱也很快。所以还是要喜欢，不喜欢就不要做。

金斌投资金句

QUOTATION

❶ 股票投资和其他行业不一样。做实业的人，生怕错过机会，担心错过这一村就没有下一店了。股票不一样，每天都有股票涨停，一年约 250 个交易日，如果能抓住两个，持续 50 年或许就是另一个巴菲特。

❷ 就像扔硬币，即使你有比较高的技巧，每次赢的概率有 55%。但如果只赌一次，你输的概率依然很高；但如果赌 1 万次或者更多，根据大数定律，你几乎一定是赢的。

❸ 伟大的公司都不是依靠政府规划出来的。历史上看，跟风炒作的投资者往往容易成为吃流水席的买单者。市场热捧的股票，也意味着承担着太多的期望。

❹ 股票没有好行业、坏行业之分，因为股价提前反映投资者的预期，如果每个人都觉得不行，股票会提前跌得很惨。反过来看，也许意味着机会，除非这个行业不存在了。

❺ 我们定价参考两个维度： 绝对维度和相对维度。绝对就是不用参考历史和同业，就是简单地根据自己的判断设定参数，看看公司值多少钱；相对就是参考历史和同业的当前定价水平，来给自己定价。最好的情况就是两个维度都指向一个方向。

❻ PE、PB、PEG 等，其实都是 DCF 模型的简化版。如果 DCF 模型做多了，看一些简单的指标就能知道大概。就好比我们要知道体重，一般会用秤称一下，但如果看一个人是胖还是瘦，不用秤也知道。

❼ 做研究的时候要做一些有积累的事，一个行业有 100~ 200 家公司，哪怕一个行业配 10 个研究员，也不可能把每家公司研究得很透，还是要有重点地去跟踪。把时间花在长期有积累的公司上面，不要花在短期的交易上面。

❽ 即使是做量化投资的人，也在不断地调整自己的模型，没有人能靠一个固定的模型吃一辈子的。因为市场本身就处在一个不断进化的过程中，从这方面考虑，对于我来讲，我觉得就没有终点了，到退休的时候仍然还在完善自己的框架。

❾ 投资这一行，很多问题的答案其实很简单，简单到你不会轻易地去相信。但如果这是经过自己苦苦思索，再加上各种经验教训得出来的，你会更容易信任和坚持。有时候，一个好问题，远远强过一个好答案。

❿ 如果有人说我的重仓股有问题，我会觉得很开心。如果有人说我买的股票不行，我卖了就好了。如果你天天说我的重仓股好，有什么用呢？我也觉得好才买的。

他是被很多记者称为“颜值担当”的基金经理，30 岁时参与兴全基金创建，40 岁“公奔私”创立兴聚投资，每个十年都是一个里程碑。

如果用一个词来形容王晓明的投资风格，应该是“不执着”，不执着于基本面，也不完全执着于趋势，在性价比最好的时候，选择性价比最好的品种进行投资。

这位公募的明星基金经理，也在私募战场上赢得自己的荣誉。

兴聚投资　王晓明

成功不在于正确的次数，而在于正确的力度

王晓明

兴聚投资　投资总监

- 经济学硕士，历任上海中技投资顾问有限公司研究员、投资部经理、公司副总经理。
- 2004 年加入兴业全球基金管理有限公司，先后管理兴全可转债、兴全趋势投资等基金。
- 2005－2013 年，公募代表产品兴全趋势在王晓明管理的 8 年时间中，年化收益率高达 24.94%。（该基金成立于 2005 年 11 月 3 日，截至 2019 年 1 月 10 日，总回报为 1 139.86%——编者注。）

2006—2007 年，公募基金经理转投私募行业第一波浪潮形成，当时肖华、江晖、赵军等一批重量级人物纷纷“奔私”。第二波大潮发生在 2012—2015 年期间，另一批代表人物从私募中出来，如王亚伟、王鹏辉、邱国鹭、王晓明等。如今“公”奔“私”的基金经理已达 300 多位。其中，华夏系最多，有 23 位，博时系次之，有 16 位。王晓明是兴全基金第一位“奔私”的基金经理，随着 2017 年原兴全基金总经理杨东的“奔私”，私募基金中的“兴全派”也成为一股不可忽视的力量。

小时候看《西游记》，孙大圣在打妖怪之前，如果能弄清妖怪的来历，那么一切就迎刃而解了。后来看经济学，那不就是制度经济学里讲的路径依赖吗？在哪儿工作，就会打上哪儿的印迹。华夏系的私募基金经理往往从宏观和大环境考虑多一些；嘉实系的常常从个股入手的多一些；博时系的在行业比较上更具优势；易方达系的注重研究与团队建设……

作为兴全曾经的投研核心人物，王晓明毫无疑问会被打上很深的兴全烙印。或者说，从兴全基金的投资特点上可以看出王晓明的一些风格。

公开资料显示，1974 年出生的王晓明，于 1995 年大学毕业后进入上海中技投资顾问有限公司，2003 年底加入筹备中的兴业全球基金，当时正处而立之年。兴业全球基金公司正式运作后，王晓明先后担任兴全可转债基金经理助理、基金经理。2005 年 11 月 3 日，兴全趋势投资基金成立，王晓明成为该基金的基金经理，一直到2013 年 10 月 25 日王晓明任职兴全趋势投资基金经理 8 年多时间里，A 股市场历经牛熊交替，期间上证综指涨幅为 93.06%，而兴全趋势投资的收益率却有 493.35%，①

---

① 截至 2019 年 1 月 10 日，该基金成立以来的回报为 1 139.86%。

成为兴业全球基金公司旗下的明星基金。与出色业绩相匹配的是，截至2013年9月30日，兴全趋势投资基金规模高达96.51亿元，在同类基金中规模排名第六。另外，2006年9月20日至2008年1月3日，王晓明还担任兴全全球视野的基金经理，任期内基金收益达268.85%。截至2019年1月10日，该基金成立以来的回报为384.24%，同期上证综指涨幅为207.07%。①

2014年王晓明创立兴聚，年末开始发行产品。2015年6月股市进入调整期，经过3年牛熊大幅震荡，到了2018年底，兴聚投资旗舰产品取得了非常可观的年化收益，而沪深300已然归零。曾有人说，2015年至2018年这几年是快速培养基金经理的时期，也是一个对成名基金经理进行压力测试的时期。从目前兴聚产品的表现来看，王晓明已通过这一压力测试。

公私募业绩同样出色，王晓明是靠什么穿越市场的呢?

未求胜先求败，注重防守

重视风险控制，是王晓明一贯的风格，这种风格早在公募时已经形成。

王晓明是兴全投研团队的核心创始人，在他的带领下，兴全基金旗下基金经理百花齐放、兼容并包，既涌现出了像董承非、谢治宇等讲究均衡配置、看重性价比的代表，也有傅鹏博、季侃乐等精选成长、注重策略和行业配置的一派，更有像陈扬帆那样的积极进攻的选手。在鼓励基金经理

① 数据来源：Wind，好买基金研究中心。

发挥不同风格的同时，**兴全基金对于基金经理有一个共同的要求——注重防守**。兴全的风险控制制度很严格，王晓明在接受采访时曾说，“比方说，对于重仓股的论证，我们会更加谨慎。如果某只股票亏损幅度达到了7%，我们就要组织第一次讨论，亏掉10%要进行第二次讨论，让团队中不同的人加入，展开多维度思考，讨论有什么因素发生了改变，是否还要坚持既定的思路，继续亏损怎么应对等”。

网上流传着一份2008年9月王晓明在兴业证券做内部培训时的资料。那个时候，他管理基金已经有4年的时间了，这份培训资料中包括大量的如何分析公司的研究框架和思考重点，第一个重点就是“认知风险——证券投资分析的最终目的”，把对风险的关注放在了研究的首要位置。

控制好风险和收益的配比，投资才能慎行致远。从公募期间王晓明管理过的兴业趋势投资和兴业全球基金来看，在单一年份不一定会冲到最前面，但是连续数年业绩都排在同类基金的前1/2。在一轮完整的风格更迭、牛熊循环之后，长期业绩就跃居同类基金靠前的位置。做私募后，比如在兴聚代表产品的管理中，也呈现出这样的特点，每一年的业绩不算最好的一批，但几年下来总排名位于前列。

在具体的风险控制上，王晓明的方法上是这样的：对刚刚成立的新产品，通过整个仓位预算管理的方法，做到一定的净值，挣收益提升仓位，收益再提高后再提升仓位。通过这种方法，在初期运作的时候，保证整个产品的收益和稳定性。当产品进入正式的稳定运作后，控制风险的手段主要体现在三个层面。

第一个层面是在个股层面把握好。王晓明说：“**这个公司如果不交易，你是不是愿意而且放心大胆地拿它三五年。从这个层面上，要能做到风险**

是可控的。”

第二个层面是在深入研究确定个股后，做行业配置。不在单一行业上过度倾斜，适当维持行业配置上的均衡，甚至可以在不同属性的行业中做一定程度的配置，比如医药行业相对更稳定，而一些周期股短期波动可能比较大，那这两者之间的搭配就更容易降低整个组合的风险。

第三个层面就是仓位控制风险。当产品进入正常运作以后，王晓明轻易不做仓位上特别大的波段选择，更多时候仓位会在 60%～90%的区间波动。

简而言之，主要是通过个股选择、行业配置和组合仓位去分散整个组合的风险，控制产品净值的回撤。

左手趋势，右手成长

王晓明的代表作是兴业趋势，那趋势是指哪些呢?

他把趋势分为三类。第一类趋势是成长性趋势，就是选择那些成长性最突出的公司。第二类趋势是行业景气趋势，选择行业景气处于比较好状态的公司。第三类趋势才是价格趋势。说是趋势投资，王晓明认为归根到底核心还是落在企业成长性和行业景气度上面，股票价格趋势主要是作为一种辅助性的参考。企业成长趋势排在第一位，其次是行业景气趋势，最后才是股票的价格趋势。在他看来，价格趋势并非是运用技术分析来选股，而是运用价格趋势来确认估值的高低，最根本还是基本面的东西，是企业成长性和行业景气度。

兴业趋势于 2005 年 11 月成立，当时正是上证综指创下 998 点历史低点后反转的初始阶段。该基金在建仓期内果断买入股票，迅猛建仓，

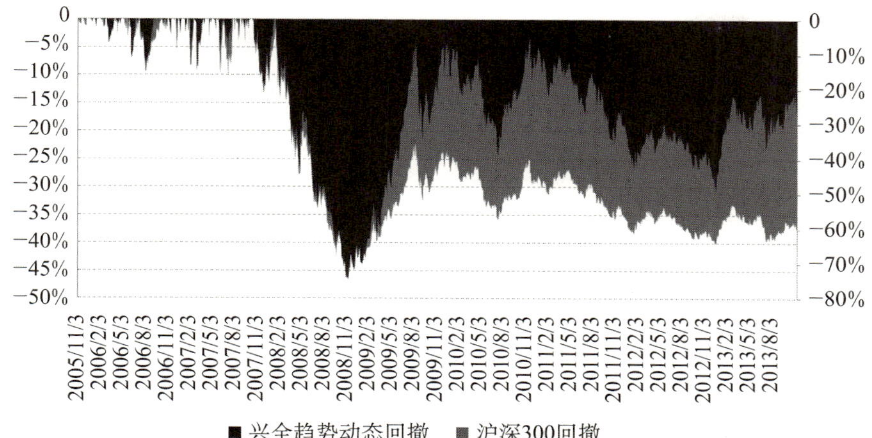

数据区间：2005 年 11 月 3 日—2013 年 10 月 29 日

资料来源：Wind，好买基金研究中心。

2006 年 1 月 19 日开放赎回时，净值已经较面值上涨近 9%。 2006 年第一季度该基金首次披露的季报显示，股票仓位已经达到 91%，在季报展望中认为，“我们对市场维持相对乐观预期。趋势一旦确立将持续相当长时间”，“在结构性牛市中，仓位选择显得不是那么关键，最重要的是选好景气趋势能够持续的行业和利润能够持续稳定增长的公司”。兴业趋势投资在 2007 年 10 月股市见顶后，开始降低股票仓位， 2007 年 9 月底股票仓位为 82%，到 2008 年底时，已经大幅降至 49%，达到该基金成立以来的最低仓位。在股票仓位降低的同时，债券仓位却不断上升，从 2007 年 9 月底的 5%一直加到 2008 年底的 45%。在 2008 年股票投资亏损的情况下，债券投资却贡献了 1 146 万元的收益。 2008 年年中，兴业趋势的净值增长率在可比的 24 只混合型基金中排名第 8 名。迅速降低股票仓位，增加债券仓位是王晓明抵御寒冬的重要策略。 2007 年第四季度的时候，基金还

质量

+

持续性

=

真正有成长性的公司

认为“在谨慎乐观的基础上，如何不断提升组合安全程度，是值得重点关注的问题，2008年既要保持进攻的‘矛’足够锋利，同时在构建安全‘盾’上也要有充分考虑”。在随后的2007年年报中随着指数的下跌，基金看得更为清楚，“在投资策略上，2008年我们将保持足够谨慎，在大类资产配置上将保持平衡基金的特点，加大对债券资产的配置力度，充分把握新股申购等较低风险的投资机会。股票投资部分，收缩战线。”在这个判断之下，2008年第一季度开始仓位保持在50%左右，一直持续全年。

适逢牛市，再加上2006年至2009年分年度均在前三分之一的水准，兴业趋势基金的规模大幅上升，2007年第四季度达到近270亿元，虽然经过2008年的大熊市，但在2009年四季度末又回归到200亿元之上。规模变大之后，基金逐步相对强调选股，如在2010年第二季度，表示“本基金规模较大，减仓速度较慢，因此净值表现不尽如人意”。2010年半年报中写道，“仓位对基金净值的作用将有所下降，精选个股可能是较为正确的投资策略。因此我们在选择具体股票的时候，将更为强调对公司的长期跟踪，以较长时间段的思路来挑选长期具备成长性的个股”。2012年二季报中表示，“对于下半年的市场，趋势基金将更加强调自下而上地精选个股，在一些稳定成长的行业里面寻找投资机会”。

可以看到，2010年至2012年，基金的运作思路有一些转变，从最初的三重趋势到后来更为看重个股成长的趋势。

挖掘“真正的成长”

不同的基金经理对公司成长性有着不同的理解和不同的筛选方法，王晓明个人比较偏爱持续稳定增长的公司。他认为，看成长要关注两方面，一是成长的质量，二是成长的持续性。只有这两个特质同时具备，才是真正具有成长性的公司。**与其相信一家业绩突然爆发性增长的公司，不如信任一家业绩始终持续增长的公司。**

王晓明经过多年观察还发现，那些每年都能保持 15%～20% 增速的公司，相比那些突然冒头的黑马，业绩延续的概率要高出很多。并且，这类公司由于财务数据不温不火，不容易成为市场狂热追逐的热点，往往被阶段性低估，属于“容易被忽略的价值”。与其押注业绩短期爆发式增长的公司获取阶段性博弈收益，而承担未来高成长预期落空的风险，不如买入稳健增长的公司。

他说，**“我觉得回避价值陷阱一个很重要的角度就是，必须分析这个企业的增长，它是不是有质量的增长，是不是有现金流伴随着增长。**从这些角度分析和研究，能够帮助回避很多看上去市盈率很低，看上去增长速度很快，但其实是通过收购，甚至是没有现金流伴随着收购的公司，靠这种方式实现增长的公司两三年之后就会遇到瓶颈，一旦行业形势发生变化，过去几年经营累积下来的成果可能都会归零，所以这些成长都不是真实的成长。很多行业和公司都存在这样的问题，利润看上去增速很快，但实际上没有现金流伴随，并且是买来的增长，这种增长无法持续”。

在当前中国经济转型阶段，从长期看挖掘一些行业的个股成长性投资机会很重要。从 2013 年开始，经济由过去高速外延增长转变为缓慢下台阶, 但优势公司和优势行业在增长。另外 A 股的开放也吸引了国际资金的涌入，这类资金寻求的是真正的价值投资，优质行业的高成长股是它们的首选。

正是因循着这样的投资逻辑，王晓明管理兴全趋势期间重仓股多是恒瑞医药、贵州茅台等“大白马”。他对短期内增长过快的公司总是保持着一份警觉，除非有强有力的证据可以说明其业绩增长的延续性。

兴聚的投资理念是，好的投资是实现一种大概率事件，成功不在于正确的次数，而在于正确的力度。当市场出现系统性风险时，兴聚很少会选择清仓以减少净值波动。尊重市场、顺势而为是兴聚坚持的一个准绳，这可以帮助他们控制市场风险。而坚持中长期角度看企业的基本面，这为他们带来超额收益。**王晓明说，时间是投资的朋友也是敌人，不计较短期内一城一池的得失，将可以更为从容地排兵布阵，并取得长期的胜利。**

兴聚投资团队成员

- 上海兴聚投资管理有限公司（以下简称“兴聚投资”）成立于 2014 年 4 月，公司由原兴业全球基金管理公司投资总监、明星基金经理王晓明联合资深投资界人士共同组建，核心投研团队成员均长期在国内大型公募基金任职，拥有百亿元资金管理经验。

- 兴聚投资策略注重公司的基本面，投资回报主要来源于公司本身的价值创造，而不是与交易对手的博弈。

- 在过往十多年的投资历程中，王晓明不断扩大对不同行业的覆盖，不断提炼及积累对行业的认知，从中寻找渗透率低、增长空间广阔的行业与公司，拥有多领域的投资经验。

（数据来源：好买基金研究中心。数据截至 2019 年 3 月 19 日）

对话

DIALOGUE

兴聚投资 王晓明

思考的深度，

决定了行动的力度，

想得深，

才拿得稳。

访谈时间：2018年12月

兴全带来的关键投资思考

好买： 从复旦大学经济学硕士毕业后，您进入上海中技投资顾问有限公司担任研究员，当时为什么选择了投资这条道路?

王晓明： 更多还是基于自己的兴趣。国内金融市场从 1992 年迎来了快速发展，我是 1996 年毕业的，那时候银行、信托等金融公司在运营上也更加市场化，可以选择的机会很多。我还是蛮喜欢做研究和投资的，所以就进入了这一行。

好买： 兴全被称为公募界“清流”，牛人、牛基在兴全发展史上层出不穷。 2003 年兴全还在筹备的时候您就加入了，一直到 2014 年离职创办兴聚。当时是怎么进入兴全的？兴全的经历对您投资理念的形成有哪些影响?

王晓明： 我较早地参与了兴全的筹建工作。之前在中技投资的时候管理二三十亿元资金， 2003 年，公募基金进入快速发展的阶段，通过基本面研究挖掘股票价值的投资方法在那时刚刚兴起，我觉得这将是未来的方向和趋势。那时候，杨东负责筹建兴全基金，他原来是兴业证券自营部总经理，找来了同在兴业证券的杜昌勇，我和他俩聊过后觉得挺投缘的，就加入了兴全，参与筹划了兴全第一只基金“兴全可转债”的发行。第二只产品是兴全趋势投资基金，我是它最早的基金经理，管理了 8 年时间，业绩还不错。

从进入公募基金到现在做私募，近 20 年的从业时间，我也在不断反思最核心的投资理念是什么，其中兴全的经历带给我一些很重要的投资思考。

第一个关键思考是在发行兴全可转债基金的时候。这只基金于 2004 年发行，当时的背景是市场经历了几年熊市之后在 2003 年底兴起了一波小牛市，这时候发行产品很多人首先想到的是股票型基金，不过因为兴业证券自营此前做过可转债，而我在中技投资的时候也比较多地用可转债手段控制风险，收益还不错。经过讨论后，我们选择用可转债基金切入这个市场。事后看，这个选择是对的。这只基金发行后， 2005 年 A 股遭遇熊市，上证指数大跌，而我们却没有给客户亏太多钱。当时筹划这只基金的时候，有个很重要的投资想法，就是任何投资必须有一定的安全边际。**只有当安全边际足够大，承担的风险很小而可能获得的收益比较多的时候，才是介入市场最好的时间点，尤其是在遭遇重大风险的年份，这些投资上的考虑能够很大程度控制风险。**假如面临的风险很大而未来可能获得的收益概率和空间较小时，应该更多地观望。可以说，这样的投资理念贯穿了兴全基金整个的公司运作，不管是可转债还是股票基金都遵循这样一个基本投资原则，这是我们刚进入公募时期的第一个思考。

第二个关键思考是兴全趋势投资这只基金带给我的。兴全基金发行的每一个产品背后都有自己的思考。 2005 年，我们考虑在国内这样一个投资氛围浓厚、大起大落的市场中，怎么能够在控制好风险的前提下选择好的投资机会， 2005 年底兴全趋势投资发行。**当时在设计这个产品的时候，最核心的考虑是所有的趋势一旦形成以后都会持续相当长时间，此时**

买入投资标的将是一个非常好的时间点，因为经过市场过滤的风险已经大大降低。很多人认为趋势投资就是价格上的追涨杀跌，我们理解的趋势投资实则包含更广泛的概念，成长性趋势和行业景气度趋势是核心，价格趋势是在这两者基础上的辅助参考。

所谓成长性趋势就是选择那些成长性突出的公司，要从财务指标、商业模式、核心竞争力等多方面判断其成长趋势。一个企业总归有自己成长的时间段，而成长趋势一旦确立，即可以享受趋势进一步延续的阶段，获得股价上最甜蜜的一段上涨收益。行业景气度也很重要，选择一个景气度向上的行业，获利会更容易。那怎么判断行业景气度是向上的、可以延续的？很多时候，当行业繁荣时往往是行业景气度最高时，接下来就很可能下行，那么此时进入，风险无疑是较大的，这就需要对行业进行持续的观察跟踪。对周期的准确把握是投资经理认知公司投资价值和投资机会的关键点。在企业成长趋势和行业景气度趋势的前提下，再去把握价格趋势。

有些坚持价值投资的基金经理有这样一个投资理念，这只个股是有价值的，目前的股价有很大上涨空间，因而买入。当时我们的理解是，A股散户居多，追涨杀跌进出市场频繁，再加上过去股权分置改革下市场定价的不合理，这些因素决定了股价波动范围非常大。如果完全不对价格趋势做判断，也是不对的。你需要剖析价格趋势形成的真正原因，并验证它和宏观以及微观上的研究结论是否一致。当一只股票估值50倍的时候，也许我依然持有它，但我必须清醒意识到，它处于估值较高的阶段，一旦价格趋势发生变化提醒风险来临的时候，必须要做出投资决策，而不是简单地说我认为50倍就是合理的，因为我判断它明年盈利会增长50%。价格趋势让我们对当前估值高低有个直观的判断。

做有积累的决策

我们不强调买在最低点，但是希望买在趋势初步确定的起点上；也不强调卖在最高点，而是希望在趋势改变逐步确立，当市场表现开始掉头时卖掉。这样做可以有效地控制风险。这是我在兴全基金时最主要的投资思考。

随着时间的推移，我们对投资的思考也在进阶。以前我管兴全趋势投资的时候，把握住了市场的短期趋势，在那个阶段成功了。未来伴随着监管越来越严格以及机构资金的入场，市场结构在发生变化，最后胜出的是那些长期有竞争力的企业。认知一个企业最核心最根本的还是要回归到它的基本面价值，产业发展、管理层等因素决定了企业能够成长到多大市值。**当市场上很多投资者使用的价值判断方法越来越相似，那么竞争维度就主要围绕三个层面：看得早、看得深、看得远。**必须对企业成长性及其所处周期有深刻认知，在这个层面和别人竞争，随着时间的拉长，获胜概率会更大。

在研究上沉淀，做有积累的决策

好买：公募关注相对收益，私募注重绝对收益，很多优秀的公募基金经理“奔私”后，在绝对收益投资上会有不一样的体会，您的体会是什么？

王晓明：我做过十几年的公募基金经理，也做了几年私募，确实很不一样。公募追求相对排名，是一个相对精巧的游戏，很容易让人忽视了对投资本质的认知，但不代表做私募就可以让人更从容地去面对内心对整个投资本质的认知，因为私募需要在追求绝对回报的同时还要控制回撤。绝对回报、降低回撤这两件事情同样会约束你对投资的认知，比如**过于强调回撤或者过于强调绝对回报，某种意义上讲也是违背投资本质的。**

举例来说，兴聚成立初期，应外部渠道的要求，发行的一些产品设置了止损线，这导致在极端市场环境下难以操作。2015年股灾的时候，我们及时控制了仓位，没有加杠杆，没有很激进，整体还是盈利的。比如有只产品是在2015年3月发行的，时间点很危险，但全年下来也有不错的收益，但我们对回撤并不满意。2016年更挣扎，尤其是熔断的时候，有只产品当时赚了几分钱，我们压力很大，为了控制回撤不得不被迫降仓。

现在回看2017年那波蓝筹股的牛市，2016年初的布局就已经决定了未来收益的高低。熔断下，七成仓位20%的回撤都很正常，扛住了，这波行情的大收益就抓住了。按照我们的投资理念，有些波动是需要承受的，但当时为了生存要被迫减仓，机会来的时候，我们不敢盲目加仓，只能小心翼翼、慢慢提升净值，但时间已过去了两三个月，这太难熬了。

成立之初，私募基于生存的考虑，必须严格控制回撤，但这背离了我们的投资理念。**投资本身是个长期的活儿，作为一个投资权益类市场的产品，如果为了降低短期波动、控制回撤，不敢提升权益类资产比重，那如何获取高收益?**

由此，我们越来越明白要什么、该怎么做。那就是我们要做自己有把握的事情，做经过深入研究后的前瞻性投资，而不是被市场所驱动的应激决策。生存期过后，兴聚慢慢放宽了对回撤的要求，关注点放到企业自身的投资价值上，对于深入研究的股票下跌时要真的能够去扛，敢于加仓。通过前期的选股来控制回撤，避免让自己处于被动的位置，这才是投资的本质。

好买： 这对您在投资方法上的改变体现在哪些地方？

王晓明： 并非要确定什么样的投资风格，与其说改变投资方法，不如说要真正把它落实下来。做投资，想做市场博弈还是想自下而上选股为主，这个问题要考虑清楚。2014年和2015年，被市场所驱动拍脑袋决策，2016年我们在研究上布局，整个投研团队确立的是要坚持自下而上地去挖掘投资机会而不是说确立某一种风格。比如说价值、成长，包括周期性行业、非周期性行业，甚至很多行业的界限，在日常的投研工作当中，并不是以某一个标准去区分投资机会，更多地把立足点放在这个公司的投资价值。

我们研究企业的时候，比较强调这个企业的格局、逻辑以及它的数据是不是相匹配。格局就是从长期来看，这个企业在所处行业中能不能长大？它未来的天花板在哪儿？是不是能够成为一家伟大的企业？逻辑更多的是中短期层面的，我买它是基于一个什么样的逻辑？是因为它的收入能够持续快速地增长？还是毛利率会提高？还是费用率会下降？这个是我们买它的一个中期逻辑。数据指的是短期之内，我们跟踪的季度的、年度的数据甚至是月度的数据，是不是超出预期？是不是能够达到我们的预期？所以我们更多地强调格局、逻辑、数据，分别从长期、中期、短期层面上一定要匹配。这样选择出来的公司，投资也会比较放心。

我们不太关注风格上的变化，价值、成长这些并不是我们关注的风格，并且观察这么多年来，所谓的价值股和成长股之间的界线非常不清晰，很多价值股具有非常好的成长性。**买成长股是因为它可以通过成长成为一个价值股，但如果只有成长、只有数据，没有现金流支撑、没有利润支撑，那这个成长就是一个伪成长，长期要被证伪。**

所有投资理念最本质的分歧取决于用多长时间段看打算投资的对象，这点非常关键，并不是用很短时间看投资对象的方法就一定是不好的或者无效的，判断有效或无效的关键在于能不能循环印证，这个方法今天用是有效的，明天用还是有效的，那就是没有问题的。

对于企业的价值，研究员有自己的框架和模型，讲得清楚就可以了。不过，小公司的跟踪难度非常大，不确定性也很大。这样的股票能否支撑我们的投资预期？这些是研究员需要理解的。从长期来看，研究员有能力把符合标准的股票挑选出来就行，这是兴聚从 2016 年就布局的事情。

好买： 不管是价值还是成长，最终要看折现的长短。

王晓明： 折现的时间就比较长了，我们对重点的公司强调要做 DCF 分析。这是一个长期的发展，不确定的事情越来越多，企业会在什么时候有个突发情绪爆点，是无法预测的。我们能做的是把研究基础慢慢沉淀下来，自下而上地去挖掘、思考企业长期的价值，要做有积累的决策。

追求风险调整后的收益

好买： 以前您管理兴全趋势投资，仓位比较低的时候也有 50%，现在兴聚在仓位选择上似乎更加极端些，比如 2018 年熊市中，您几乎是空仓，私募和公募在仓位选择上的差异基于什么样想法？未来这种仓位择时是否被放在一个很重要的位置？

王晓明： 公募基金是以收取管理费为核心盈利模式，规模越大管理费提成越多，所以公募热衷规模排名。而私募通常收取 2% 的管理费和 20%

的业绩提成，必须和公募做出差异来，否则就没有存在的价值。做出自己的特色，把全天候的赚钱能力体现在私募产品上，这是我们对自己的要求。如果私募可以在控制回撤下每年赚取 10% 以上的不错收益，那就会有自己的生存空间。在风险控制方面，私募和公募存在很大差异，公募不用太关心仓位，只要保证赚阿尔法收益，能在今年最赚钱的股票排行榜上有一席之地就可以了。但私募要考虑的是，怎么通过风险控制，比如仓位选择或者对冲工具使用等长期累积回报。

2018 年在各大指数全面下跌的背景下，私募亏损 5% 的已经是佼佼者，我相信兴聚交出一张不怎么亏钱的答卷，所有客户都会很开心。不过，目前既有来自零售客户的资金也有来自机构客户的资金，不同客户群体对我们的期望和要求是不一样的。对于零售渠道的客户来说， 2014 年创业至今，经历过风风雨雨，我们非常清楚他们的期待是什么，像 2015 年市场非常惨烈的时候，如果没有仓位上的选择，根本就没法生存，尤其是还处在初创期的私募。

不过，对于保险等长线资金客户来说，他们的要求并不纯粹是这样，他们甚至会担心一个问题： **虽然兴聚 2018 年没怎么亏钱，但 2018 年的仓位选择是否会让兴聚形成路径依赖？兴聚投研团队是否具有系统化的选股能力？因为长线资金客户更想要的是一个靠自下而上选股获得长期阿尔法的私募管理者**，所以哪怕我们在 2018 年交出一份不错的投资答卷，依然需要跟机构投资者细致汇报，我们为什么会这么做，我们对投资到底是怎么思考的。

所以，客观上讲，我们会考虑私募初期生存的境况，做一些仓位选择，但这并不是我们长期的想法。**我们在投资的时候，按照关注的重要程**

度排序，依次是个股、行业和仓位。从更长周期看，仓位选择正确的胜率在 50% 左右。但很多渠道对我们期待很高，认为我们总能在市场高点低仓或者空仓，从而逃过接下来的下跌。确实，在市场出现重大变化的时候，投资经验丰富、经历过多轮牛熊周期的人会更敏锐、更谨慎，犯重大错误的概率更低。但长期来看，股票仓位选择绝对不是我们长期获得超额收益最主要的因素，我在兴聚内部也反复跟同事们灌输这样的想法，哪怕 2018 年我们在仓位选择上做对了，我们都不能有这样的投资理念。

好买： 也就是说当前的择时更多是权宜之计，那未来对私募产品定位是怎么考虑的？更多是希望通过长期相对收益的积累来实现绝对收益回报吗？

王晓明： 是的。目前国内的投资环境没有完善的对冲工具，没法通过卖空个股赚钱，也没有足够多的卖空品种可供选择，这种情况下要做到每月回撤都低于 1%，几乎不可能。所以很难从容地去做绝对收益，只能选择通过相对收益长期积累绝对回报。市场环境不好的时候，将回撤控制得好一点，等到机会来临尽可能往前冲。目前国内大多数私募主要还是通过研究寻找个股上的阿尔法来超越市场。作为投资经理，不论是在个股、行业还是仓位方面，我们都会把公募上的经验糅合到私募产品的投资管理上。兴聚对单个行业和单只个股的仓位都有上限要求，由此克服我们在人性上的缺点，不去赌。

好的投研体系具有内生性

好买： 您在公募时期管理兴业趋势还是很成功的，当然公募能获得的支持也比较多。相比公募，怎么思考私募的核心竞争力？

王晓明： 初期的时候，私募在投研方面不如公募，早期业绩更多依赖创始人的个人能力。但我认为，**一个资产管理机构最终能够可持续发展壮大，一定有它内核的基因，比如在好的投研机制下，私募经历时间的沉淀后，能够走出来，**但在初期大家都会经历一个困难的阶段。经历 2015 年的股灾、 2016 年初的熔断对于兴聚来说，不见得是坏事情，我们在研究思路上的短板暴露了出来。 2014 年到 2016 年兴聚创业初期，为了生存我们付出了很大努力， 2016 年后我们放慢速度，开始进行内部机制、发展理念的梳理，**好的投研体系具有内生的能力，经过市场三五年的挑战，它可以引领公司快速往前发展。**

好买： 私募真正想建团队的很少，尤其是私募基金经理业绩好的时候，更少会考虑长远的发展。

王晓明： 很多基金经理的投资能力确实很强，不过单纯依靠个人之力，很难做大。

还有人的业绩好是暂时的，从长远看是不是还能做出同样出色的业绩，却很难说。依靠良好的机制比依靠个人之力更靠谱稳定。如果私募急功近利，不去修炼内功，时间长了一定会有短板出现，三五年时间和别的机构的差异就会表现出来。

像大家都比较追捧的恒瑞医药，六年前它和另外一家医药公司净资产差不多，但后者开始做仿制药，而恒瑞却在创新药研发上大量投入，最终两家公司的股价也会反映这一切。所以**选对方向坚持不懈地走，厚积才能薄发，市场最终一定会给你巨大奖赏。**比如现在某大型私募机构的知名基金经理，2015年募集的时候非常艰难，2017年业绩大爆发成为非常火的私募基金经理，因为他一直在打磨底层的东西，一直在努力做好投资，当机会来临，其投资业绩、品牌影响力、渠道认可度等可能一下子迸发出来。

私募也会进入恐龙时代，我相信有理念的公司长期价值不会低。在公司研究方向上要有铺垫和层次，等一切到了眼前再去研究很不现实。

好买：可否具体分享兴聚的投研机制？

王晓明：我们做了很多细节上的东西，比如请券商研究员做培训，讲讲他们对行业的观点。我们内部每一次推荐都要做深度报告，大的龙头公司几乎都做过深度研究。这是件很吃力的活，但是我觉得这是研究团队成长的过程，不做永远不会成长，它需要时间去验证成果。

除此之外，我们建立了研究员激励制度，研究员纳入考核的股票必须是重点模拟组合的股票，必须对它进行定期跟踪，出具深度报告。研究员为投资组合净值贡献多少，这个可以量化。我们一个月统计一次，中期先兑付部分比例，12月结束后兑付剩下的部分，保证研究员在春节过年前可以拿到奖金，通过激励让优秀的人得到足够的奖励，激发他们深入研究的能动性。

研究员是按照行业划分的，基金经理相当于一个大的组合经理。如果研究员对组合是正贡献，而组合是负收益，那么基金经理是不能拿奖励的，研究员的奖励比例会提高。

兴聚在个股和行业仓位方面都有要求，基金经理可以有不同的投资风格和进攻方式，但前提是他必须拥有一套风险控制的理念、框架和方法。否则，长期来看必定要吃亏。**事实上，大多数投资失误都与对风险认知不足和对风险管理失当有关。只有成体系的东西，才能保证成功的概率。**

好买： 2019 年看好哪些行业和领域的投资机会?

王晓明： 2018 年中的时候，虽然我们仓位很轻，但是一直要求团队要以更乐观的心态看待市场。**因为悲观者看不到正在发生的积极变化。**未来几年，股票资产的吸引力将越来越高，确定性好、分红率高的资产将不断受到资金追逐，只是反弹在什么时间发生，现在还无法准确估计，但我们要随时做好准备。

在投资机会上，未来我们看好三大方向：消费、金融和科技。我们说的消费是指更广泛意义上的消费，甚至可以把医药纳入这个结构中。从人口结构上看，未来五年会迎来 60 岁以上人口的大幅增长高峰期，他们是整个社会群体中拥有财富较多、购买力较强的一批人，他们的消费偏好肯定会影响到未来几年的机会。

金融在过去几年当中有波动，但没有太大的累计涨幅，除了个别的股票以外。从当前点位上，我们长期看好金融，尽管它遭遇了去杠杆包括信用危机、坏账等很多的干扰，但当前金融较低的估值中反映了投资者较为悲观的预期，位置性价比显得越来越高。同时我们认为**当前金融类公司不管是银行、证券还是保险，选择的点在于差别化经营，应淡化行业的大背**

景，强调个体独特性。

科技是未来，尽管短期内我不觉得有特别大的风口，但是从未来社会结构层面看，科技还是引领中国社会向前发展的力量，这是一股非常重要的力量，并且中国整个制造业的产业群经过过去十年的储备，到目前为止具有了非常好的产业环境，所以科技也是我们目前非常看好的一个方向。具有核心竞争优势，并且估值在合理区间的优质科技类上市公司值得关注，不过科技领域的变化太快、太激烈，要警惕那些长期谋杀资本的科技类公司。

王晓明投资金句

QUOTATION

❶ 一个好的投资者每做十次选择，能做对六七次就已经相当不错了，成功不在于正确的次数，而在于正确的力度！能带来盈利的只是几项关键的选择，亏损同样如此！

❷ 常识有时很重要，选择做大概率投资，模糊的正确远胜精确的错误！

❸ 收益稳定才是硬道理，好的投资人总是把风险控制放在第一位！

❹ 风险管理是一切投资管理的核心，也是长期投资制胜的关键。大多数投资失误都与风险认知不足和对风险管理失当有关，一个出色的投资者在衡量风险和挖掘机会上会分配同样多的时间。

❺ 时间是投资的朋友也是敌人，业绩的分歧最终取决于基金经理以多长的时间维度看待市场。如果能以更为长远的眼光对待投资，不计较短期内一城一池的得失，那么将可以更为从容地排兵布阵，并取得长期的胜利。

❻ 实际上很多基金经理犯错误在于错配，用长期的战略买了短期的股票，或者买完以后就不再做决策，关注度降低了。错了的事情就应该立刻纠正，如果选到更好的股票就该把现有的替换掉，如果找不出好股票就不要买。

❼ 每一个投资人应该回归到自己最核心的能力圈，做自己最擅长的事情。

❽ 长期股票投资回报并非取决于企业实际的盈利增长，而是取决于企业实际盈利增长率与投资者预期之间的差异。

❾ 做股票投资必须认真学习行为金融的知识，因为说到底，市场是众多人投资选择的最终呈现！

❿ 如果你是一项交易的买家，你认为卖方知道的比你还多，就不应该购买。如果你是卖方，当没有搞清楚为什么买方愿意买时，你就不应该卖掉。

他很激进，激进的时候，可以全仓一个行业；他也很保守，能够空仓一年也不为所动。处于当时，总觉得有一丝丝运气；事后看来，又往往中的。

在公募中屡次夺冠，但却坚守一颗绝对收益的心。在 2018 年的大熊市中全身而退，但不无忧虑地说，指数型基金是最大的竞争对手。

角度成就思考的深度，思考的深度促成行动的力度，这或是王鹏辉一以贯之的精神。

望正资本　王鹏辉

正收益的守望者

王鹏辉

望正资本　董事长

- 华中科技大学学士、经济学硕士， 17 年证券基金从业经验。
- 曾担任景顺长城基金副总经理、投资总监，管理景顺长城内需增长、景顺长城内需增长贰号等多只基金。
- 2015 年 1 月，加入望正资本。投资风格上善于把握产业风口，具备优秀的交易执行能力，纪律性强。擅长基于深度的宏观研究、行业比较和个股研究来构建投资组合。
- 2018 年 5 月，荣获中国基金业英华奖“中国基金业 20 年最佳基金经理”； 2018 年 6 月，荣获第九届中国私募金牛奖“一年期股票策略投资经理奖”； 2018 年 6 月，带领望正获得第九届金阳光 · 年度成长私募公司奖。

王鹏辉是一个箴言家。

在创立私募时，谈到未来的想法，王鹏辉说，“相比于公募的武术表演，私募更像是签了生死状的自由搏击，要么死要么活，更需建立长期思维，树立底线思维，投资精细化”。

这应该是许多公募明星基金经理转私时的一条箴言。 2012 年以来，多少明星基金经理一头扎进私募的江湖，然而能够守住江湖地位的寥寥无几，大多如泥牛入海，咕嘟一声不见了踪影。

在 2015 年采访王鹏辉，谈来年预期时，他说：“开玩笑说，我们 2016 年的目标是到年底的时候公司还在，产品没有被清盘的，这是底线思维。守住现在，为未来做好准备。” 2016 年猝不及防的熔断，让多少希冀“春季攻势”的机构投资者遭遇倒春寒？

2013 年底，王鹏辉管理的两只基金五年期回报率平均实现 200%，被多家基金评级机构评为“五星基金”。但他却在采访中反思投资中运气的成分，**“当你过于强调能力，就不会轻易推翻自己的结论，还要顽固坚持。我时时刻刻这样提醒自己，只有这样才能渡过难关。”**马克 · 吐温说，“原则，是偏见的另一个名称”。前一年成功的经验，往往是日后投资的“执念”。

谈到做私募的方向时，王鹏辉认为收益第一，风控第二，规模第三。这和很多刚出来做私募的投资者认为风控是第一位的看法截然不同。事实上，这也符合笔者对私募行业的观察，没有收益的风控毫无价值。

从创业板说起

2015 年 4 月，王鹏辉创立私募时，他是创业板的拥趸者。当时，他曾这样描述：

“打个不恰当的比喻，假如说我有一个女儿要出嫁，主板就好比一位绝对收入非常高，但收入在下降的中老年人，他曾经辉煌过，职位也较高，可能是公司的副总或者部门总监。创业板则是个大学刚毕业两三年，绝对收入不高，但是收入增长很快，精力充沛的年轻人。**要是给我的女儿推荐结婚对象的话，我推荐这个年轻人，这是未来。做投资就是做未来。**”

然而，一路下来，创业板每况愈下。出乎意料的是，王鹏辉却并没有“栽”在创业板中。比如 2015 年股市异常波动后望正成立的某基金，在这几年创业板大跌下，该基金不仅没有跌还大放异彩，尤其是 2017 年白马股行情下，它依然脱颖而出。这是什么原因呢？

跟踪他的言论，发现他是在不停地反思与修正。

2015 年 7 月接受《证券时报》采访时，王鹏辉认为，“从去年下半年到今年上半年，市场涨幅巨大，资金推动特征显著，盈利增长不大，但市盈率扩张惊人。要维持目前的高市盈率，靠盈利增长填平需要较长时间，或者需要回调。市场的峰顶难再现，接下去是细水长流。坚持认为创业板仍是未来长期的战场，治理结构和产业背景都很好，但目前估值仍然高，两种调整方式，或通过较长的时间提升盈利来匹配高估值，或经过再一轮下跌回归到目前合理的估值。未来创业板的机会仍值得期待”。

2016 年 5 月，好买基金研究中心在对望正做尽调时，王鹏辉表示，“市场仍然有机会。但二季度市场担心的地方在于去杠杆风险，因此望正在去杠杆接近尾声的时候再行评判。望正判断宏观经济的波动没那么大，因此在投资的时候不考虑短期的因素。望正今年更加看重选股，不过分控制总仓位和大盘点位”。

2016年9月的策略报告中，王鹏辉又说："无论如何，2016年至今为止并不能让人满意。回顾这一段时间的操作和思路，问题在于策略的多样性不够。墨守成规，教条主义严重，组合相对单调，在波动的市场中经常和市场的节奏不符。面对当前的宏观经济趋势和市场环境，过于单调的策略是不能满足基金运作要求的。因此，10月份开始，我们开始丰富策略，从风格到主题，从成长到价值，从宏观到微观，从基本面到交易，我们开始多样化策略交易。多样化策略需要开发更多的符合中国市场的策略，更需要关注不同策略之间的转换。很多单一策略可以在长期的竞赛中胜出，但期间的波动会令人难以忍受，令持有人难以忍受，因此我们需要不断平衡不同策略之间的风险收益。"

2017年底总结时说，"我们第一个研究的产业就是电动车，今年变现了一次。但单纯一个产业肯定不够，我们加了一个产业，叫它数据化社会。这个社会在各个层面有广泛的数据，主题比较广，趋势也比较强，具体就围绕数据来研究。一个维度是从数据的产生、采集、传输、存储、显示、分析、应用等一系列的环节来研究，如物联网就是采集、AI是分析；另外一个维度是分场景来研究，有些场景很简单，有些场景可以用得很深，比如说AI等。每个场景背后都有很庞大的硬件技术，使得场景变得更加数据化或者把数据运用得更好。目前硬件看起来有显著的利润，人工智能有故事，开始慢慢有一些场景，但是业绩和利润还没有体现出来。所以必须先把基础硬件研究完，下一步是对每个场景做研究。"

从王鹏辉对创业板的观点和操作来看，有很大的变化，但是也没有变化。不变的是抓"转型"中真正成长的公司，变化的部分在于可以看到随着信息的丰富，观点在不断地深化。

那么王鹏辉究竟赚的是什么钱呢?

本质是赚企业的钱

私募的优势在哪里？这一点王鹏辉想得很透彻。

和公募基金相比，私募研究员的人数并没有优势，但是集中一个领域形成聚焦，就会形成相对优势。好比压强一样，单位面积越小，压强越大。纸虽然很软，但足够薄，也能划开皮肤。

在研究上，**望正强调一段时间内聚焦于一个产业链，深入研究。研究的产业具有“空间大，商用进程已启动，信息变动易跟踪”的特点。**这样，不仅能够赚到行业成长的钱，也能在信息有变化和市场有波折时，赚到市场非理性的钱。

以望正在新能源车的操作为例。

2017 年初，望正认为从行业来看，新能源汽车现在的渗透率是 3%~4%， 2017 年销量大致 77 万辆， 2018 年应该会到 100 万辆，到 2020 年估计会有 200 万辆，年化收益率很可观，所以行业空间够大，商业化进程也已经开始。从边际变化来看， 2017 年 1~ 4 月新能源汽车数据大幅下滑，而 5 月下滑数据减少，从下滑 50%到下滑 20%多，再结合 2016 年的基数来看，望正认为 2017 年 6 月会同比转正，下半年会高增长。另外，从估值上看，新能源汽车相关股票下跌已比较多了，因此望正提前布局新能源汽车，一直持有到 2017 年 10 月卖出。

当时卖出的逻辑主要是看到以下几个边际变化： ①新能源最上游碳酸锂的价格逐渐回落，说明下游需求在减缓。②新能源汽车的销量达到了顶峰，短期内很难有向上很多的空间，所以果断卖出。到了2018年2月继续买入新能源上游，认为价格会稳中有升。主要买的逻辑边际变化是：①2018年第一季度新能源汽车的销售数据有好几倍的增长。②股价已经跌了很多。③政策方面传出补贴政策调整，但现在来看政策还是偏向扶持新能源汽车。没有买新能源中下游主要是没有看到价格的变化，所以暂时没有布局。

其实关于基本面，王鹏辉也有不少箴言：

“如果想赚钱，一是自己创办一家优质企业，这个难度比较大；二是为优质企业打工；三是成为这些优质企业的股东，这个门槛较低，也是最便利的赚钱途径。”

“我给很多人的建议是第一要买股票，第二要把你所有的钱都买成股票，并且永远买成股票。”

“买股票是参与全社会财富再分配的一个最好的方法，只要找到好的企业、好的商业模式，就有可能抓到当今社会财富流向。”

望正的仓位变化很大，有时满仓，有时很长一段时间内空仓，比如2018年空仓很久。不过从新能源的例子中，就不难理解这种做法了。此外，望正很注重宏观，在宏观上花了较大的精力。王鹏辉认为“**如果宏观不准，个股都是蒙的。如果宏观搞错了，行业之间的分析也没搞懂，就很难找到好的个股，因为没有找到个股背后的推动力**”。

以正收益为本，敢于否定自己

打开望正的网站，你会发现在以“为客户创造正收益”的宗旨下，是一个“正”的主题画面。王鹏辉这种理念的形成，从公募期间就开始了。有人说，买景顺长城的基金，唯一赚钱的还是王鹏辉的基金。

可以说，王鹏辉这种理念也是公募重“相对排名”中的一个异类。他认为基金就是要把持有人的利益放在第一位，任务是要为持有人赚钱，而不是固执地去证明自己是对的。

A股市场起伏很大，要在一个考核年度内取得正收益，难度可想而知。**王鹏辉的秘诀是顺应市场，犯错后迅速纠正，“投资者不要太执着，不要太拘泥自我，而要敢于推翻自己。”**

王鹏辉在2007年9月走上了基金经理岗位，初上任就操盘了近200亿元资金。

2008年是王鹏辉管理基金的第一个年头，Wind数据显示，他掌管的景顺长城内需增长在328只股票基金中排名第269名，业绩相当不理想。发现自己踩错一个节拍后步步踩错，2008年底王鹏辉将原有的十只股票全部更换，重新选股。

2009年王鹏辉较好地把控了宏观走势，一步步走出亏损泥沼。

2010年开始，重点配置新兴产业和大消费行业，基金开始获得超额收益。

2011年，他掌管的景顺长城内需增长贰号三年期长期业绩深受市场认可。

2013年，他管理的景顺长城内需增长以70.41%的收益率在全部偏股型基金中排名第四。（景顺长城内需增长混合2004年6月25日成立，截至2019年1月11日的回报为718.17%)。[①]

2015年1月王鹏辉离开景顺长城，在离职信“不确定的世界”中，他把这方面阐述得很中肯：

“前几天，还没有上小学的女儿极认真地问我：‘股价一定是有人在控制，不然怎么会动呢？’其实自从我进入股票市场，就有类似的想法。担任基金经理之后，一旦有机会，我就会总结规律，然后应用在下一阶段的投资中。刚开始，能够总结出一套理论甚至比获取收益还兴奋。可随着时间的推移、交易的增加，规律不断失灵，让人沮丧。直到有一天，大约在2008年底，我决定改变，在这样一个充满不确定性的市场中，放下一切，获取收益才是最重要的。我卖出了基金组合中的重仓股，卖出了之前根据所谓的规律挑选出来的最喜欢的一批股票。一切从零开始，挑选股票的核心规则是能够为组合带来收益，而不是符合自己总结的规律。两只基金的业绩也自此开始有出色的表现。”

写在最后

价值投资知易行难，再加上投资期限的约束，毕竟投资者的耐心是有限，实施起来不免有些南辕北辙，把择时说成战略战术，把事件投资看成基本面投资。中国的价值投资者大致有三个层次。

第一个层次，不受市场情绪影响。

巴菲特曾分享“市场先生”的故事：你必须想象市场报价来自一位特别乐于助人的名为“市场先生”的朋友，他是你私人企业的合伙人。“市场

---

① 数据来源：Wind，好买基金研究中心。

先生”每天都会出现，报出一个他既可以买入你的股份也可以卖给你股份的价格。尽管你们的合伙企业具有非常稳定的经济特性，但“市场先生”的报价却有各种可能。因为不幸的是，这个可怜的家伙有感情脆弱的老毛病。有些时候，他心情愉快，而且只看得见对公司发展有利的因素。在这种心境下，他可能会报出非常高的买卖价格，因为他害怕你会盯上他的股份，抢夺他即将获得的利润。在另一些时候，他意志消沉，认为公司和整个世界前途渺茫。在这种时候，他会报出非常低的价格，因为他害怕你会将自己的股份脱手给他。此外，“市场先生”还有一个讨人喜欢的特点，就是他从不介意无人理会。如果今天他的报价不能引起你的兴趣，明天他会再来一个新的报价。但是否交易，严格按照你的选择。在这些情况下，他越狂躁或者越抑郁，你就越有利。

不相信树会长到天上去，地狱之下还有十八层地狱，这或者是进入投资的第一步。

第二个层次，对企业研究清楚。

投资即是买企业，在二级市场上拥有一部分股权和绝对控股并没有太大的差别。从长期看，股指年化涨幅与名义 GDP 增速基本一致。各国指数的涨跌幅与基本面相挂钩， GDP 同比增速与指数年化涨幅这两个核心指标展现出了很强的同步性。海通策略报告《投资世界长期属于乐观者》的数据显示，中国自 1991 年来股指年化涨幅为 14.1%， GDP 年化名义增速为 14.2%；美国自 1929 年来分别为 4.92%、 6.03%；英国自 1984 年来分别为 5.53%、 5.27%；德国自 1970 年来分别为 6.55%、 4.66%；法国自 1988 年来分别为 4.45%、 3.25%；日本自 1955 年来分别为 7.63%、 6.88%；韩国自 1980 年来分别为 8.81%、 10.47%；中国台湾自1967年来分别为9.64%、 9.86%。经济增长越快的国家股市表现也明显更强劲。 2017年伯克希尔年报显示，其52年（1965—2017年）的账面价值复合回报为19.1%，其二级市场回报为20.9%，股价和内生价值也完美吻合。

那什么是企业的基本面呢？从抽象的角度讲是一个关于G和N的故事。 G是指生意的利润， N是生意可以做多长。基本面研究，就是对G和N的未来概率准确预测。

第三个层次，基于对定价体系的研究，明得失，知进退。

对规则的重视，对定价体系的研究是更高维度的一件事情。《孙子兵法·谋攻篇》说："故知胜有五：知可以战与不可以战者胜，识众寡之用者胜，上下同欲者胜，以虞待不虞者胜，将能而君不御者胜。此五者，知胜之道也。"**对定价体系的研究，或是"知胜"的第一关——"知可以战与不可以战"。**

投资是思考能力的变现。有一次巴菲特和盖茨在大学演讲，一进礼堂，巴菲特和在座的学生开玩笑："我们俩一同出现时，最大的不同是什么呢?最大的不同是你们认为，盖茨做的事你们做不了，我做的事，你们都能做。"

投资很容易被人认为是这样的事情：就像开飞机，可能不是时时都要操作，但关键时候的操作决定了飞行的安全。投资也是这样，关键时候的关键操作是胜负的关键，但这来自深度思考的能力。箴言，正是深度思考的一种外化。

望正资本团队成员

- 深圳望正资产管理有限公司（以下简称“望正资本”）于 2014 年 8 月 29 日成立于深圳前海，由原景顺长城基金副总经理王鹏辉先生领衔，是汇集众多专业人士的阳光私募基金管理公司。

- 在望正看来，企业价值从无到有，从 1 到 N，本质来自成长，成长包含了业务、利润和现金流等多方面的增长。研究企业各方面的成长空间、路径和成果，综合评判其对企业价值的影响，最终形成投资决策。在研究中，望正重视产业发展趋势和企业的核心竞争力分析，善于把握产业风口，擅长基于深度宏观研究、行业比较和个股研究来构建投资组合。

- 公司以“持有人利益最大化”为核心追求，强调投资业绩居首、平衡风险次之、规模第三的目标排序。

（数据来源：好买基金研究中心。数据截至 2019 年 3 月 19 日）

对话

DIALOGUE

望正资本 王鹏辉访谈

投资是为了赚钱，

而不是为了证明自己是对的。

访谈时间：2018 年 7 月

从研究员到基金经理，厚积薄发

好买： 您是如何走上基金经理这条道路的？可否介绍下成长历程？

王鹏辉： 1999 年我刚毕业，当时券商倒了一批，券商和基金公司都不招人，很难找工作。有家农村商业银行的资金部要我，我就去了。当时债券还是很小的业务，农村商业银行能做的主要是回购、票据贴现等。我最开始做的就是审核票据的真伪，后来去做了交易员。

2001 年初，我去了长城证券，那时候市场热门的是出口相关行业，家电行业不算热但还可以。本科我学的是制冷专业，所以就去做了家电研究，那个时候就开始做基本面研究了。家电行业是比较正规的行业，当时美的、格力都已上市，是比较市场化的公司，研究起来也比较好入手。

两年后，我去融通基金做研究员，一开始我家电、传媒行业，后来看过高速公路、商业、交运等行业，一直到 2007 年 3 月我去景顺长城。这中间，我做了将近 7 年的股票研究，看过的行业比较多，覆盖面相对较广。

到了景顺长城大概半年多时间后， 2007 年 9 月我开始管理景顺长城内需这只基金。

好买： 您一开始管理基金，刚上任就操盘了 200 亿元资金，虽然开始有一些波折，后来却大放异彩，怎么扭转的？

王鹏辉： 客观来说， 2008 年是个大熊市，市场大跌，那时候公募基金跌 30% 就已经排名前几了。我第一年管理产品，跌得也比较多，业绩不太好，相对排名不好。

2009 年业绩比较好，主要是因为 2008 年底买了比较多的建材，配了 7%～8% 的海螺水泥， 2009 年第一天就涨停了。 2009 年上半年，我主要配置了有色煤炭、金融、房地产等板块，下半年七八月份的时候货币政策收紧，仓位就转向了消费。 2010 年初，因为看好周期，又回来买了周期品。结果， 2010 年 4 月开始，猛烈的宏观调控袭来，所以我又在五六月份的时候换回了消费品，一直持有到 2011 年的三四月份。 2010 年，基金涨得还不错，排名在前 1/5。 2011 年市场不好，沪深 300 跌了 25%，我们在三四月份把仓位降了下来，下半年买了传媒，最终也跌了，但排名还在前 1/5。 2012 年业绩不是很好，排名在前 1/2 靠后一点点，买的主要是中小盘成长股，12 月份跌得比较多，只有一点正收益，当月市场表现好的主要是和房地产相关的建材、家电、银行等大盘股。不过整体来说大家收益都不高，最高也只有 20%～30% 的收益。 2013 年市场主基调是创业板，年初我们就满仓中小盘成长股，一直持有到国庆节后降仓，在传媒上赚了不少钱。我是 2015 年初离职的， 2014 年的业绩参考性一般。别的年份都有比较好的业绩。

总地来看， 2009—2013 年业绩累积了很多。自 2009 年到 2014 年 9 月底，我管理的景顺长城内需增长及景顺长城内需贰号的收益率分别为 210% 和 208%。① （景顺长城内需增长混合 2004 年 6 月 25 日成立，截至 2019 年 1 月 11 日的回报为 718.17%。景顺长城内需贰号混合 2006 年 10 月

---

① 数据来源：Wind，好买基金研究中心。

11 日成立，截至 2019 年 1 月 11 日的回报为 278.34%）。

好买： 记得 2015 年您刚做私募的时候，比较鲜明地看好成长股？

王鹏辉： 2015 年初的时候肯定是看好成长股。那一年，创业板从 1400 多点涨到了 4000 多点，差不多涨了一倍多了，而经济还没有完全有起色，长周期看还是成长股比较好。**当时创业板讲的很多故事，互联网金融也好，互联网医疗也好，收购海外资产也好，其实都是对的，只是被杠杆拖累了。**假如这些故事实现的话，前景会很好，但后来要么企业家的能力不行，要么杠杆太高、股价涨得太快，结果行情就不行了。 2015 年 6 月的时候，我们就开始全面降仓位。

好买： 2015 年 6 月降仓位，主要是因为市场处于高位，还是担心配资去杠杆引起的连锁反应？

王鹏辉： 当时我们新发的基金收益还不高，所以比较谨慎。空仓后市场就开始连续暴跌，一路跌到 7 月中旬，当时有波救市反弹，但我们一直也没怎么加仓位。 8 月汇改时，我们有一成仓位。汇改也是件比较大的事，为了避险也就基本空仓了。后来大家也知道了，大盘接着暴跌，又跌去 1000 点，直到国庆节后才有所反弹，涨到年底。年底的时候，我们有所加仓，仓位大概两三成，接着就在 2016 年初遭遇了熔断。

熔断那次，上证指数在 2016 年 1 月跌了 25%，我们跌了 10% 不到。因为当时我们也看不清，只有两三成仓位，直到 2017 年 2 月春节，期间仓位没怎么变动。 2017 年 2 月之后，我们就开始满仓，一直持续到 2017 年 11 月，其实大概 10 月中旬我们基本上空仓了。 2018 年 1 月低位买了点成长股，涨了差不多七八分钱，然后边卖边跌又损耗，直到现在（时间指的是2018 年 7 月——编者注）还亏了点钱，不过 2018 年 80% 的基金都是亏的。

好买： 上次跟您聊过一次，您说控制回撤很重要。后来，您认为业绩是第一，控制回撤是第二位的，怎么有这样一个认识上的转变？

王鹏辉： **业绩肯定是第一位的，没有业绩，谈回撤没有任何意义。**之所以一开始认为回撤很重要，是因为 2015 年我们刚出来做私募就碰到熊市了。 2016 年，我们的业绩和大盘表现差不多，比大盘稍好一点，大盘跌了 10% 左右，我们平均跌得少一点，但没用。别人规模都上去了，我们规模下来，那是因为别人的产品涨了。

如果 2016 年 1 月扛过去了，产品净值在高位，就敢加仓。而我们的产品跌到 1 元以下，有的基金跌到了大概九角，我们就不敢乱动，所以说比较难受。

但其实，我们发现 2015 年控制回撤就行了。但 2016 年的经验告诉我们： 没有收益率积累的话，只控制回撤是不行的。首先得有收益，有足够高的收益率，然后才能谈回撤。如果没有超过十个点的收益率，谈回撤都没意义。

好买： 2017 年，您的行业配置和持仓有变化？

王鹏辉： 2015 年刚出来做私募，还没来得及梳理就开始熊市了，行情一直持续到 2017 年 2 月，这期间我们基本上都是两成仓，没有主线方向。其实回过头来看就是一波放水行情，是 2014 年中期开始的棚改放水行情。

2017 年是监管红利，各项政策对小市值股票不利，蓝筹、白马这些大市值股票起来了。我们买的也不完全是大股票，个股配置比较散，主要在白酒、新能源汽车、TMT 板块。2017 年初茅台酒涨价，所以我们就从酒方面入手，买了很多白酒，然后五六月份开始研究电动车材料，配置了新能源汽车板块。

好买：望正会做债券投资吗？比如可转债。

王鹏辉：不做，只要看股票机会就好。如果看不清市场，那就空仓，然后买货币基金，做好现金管理。我始终觉得风险防范很重要，**熊市里面只要少亏，长期来讲基本上就能赚到很高的收益。阿尔法其实主要来自熊市，而不是牛市多赚多少。**

好买：您的持仓会相对集中些？

王鹏辉：如果看懂了方向，就集中一点，不行的话就撤。我们重视组合的风控，有时候即使个股基本面再好也要注意流动性。另外，即使基本面判断对了，但组合因为情绪等因素跌了，这时无论个股怎么样，也要撤。

赚深入研究产业链的钱

好买：从您的操作来看，行业变换比较快，涉及行业也比较多。在研究上，您是从行业配置和行业轮动出发的吗？

王鹏辉：行业轮动的逻辑是涨多了就卖，去买那种涨得少的或者估值比较低的行业。不过，我很少从这方面考虑问题，简单的轮动实际上很难做好。行业轮动要想跟踪短期的指标，是很困难的，因为一个行业短期内不会有太大的变化。所以说很多做行业轮动实际上是做估值博弈，一个行业涨多了就去寻找估值低的行业，实际上是做情绪上的估值博弈。

在我看来，行业的基本面一旦有趋势，和宏观一样，这个周期性比较长，不是简单的一个短周期。所以，我主要还是从宏观和产业的发展，从行业的发展空间、盈利增速和企业基本面出发加以考虑。

好买： 所以虽然您的操作表面上看是有行业的切换，但实际上是从宏观研究出发，看哪些行业有成长空间，哪些行业有周期性的机会。那您如何看行业的竞争结构？

王鹏辉： 研究行业竞争结构的变化要从产业角度入手。从产业的基本面入手，忽略估值的因素。估值主要是在买卖的具体点位上加以考虑，但是不会因为估值低去看这个行业，而是因为这个产业要么是周期底部，要么是属于要起步的新兴行业。**如果一个行业估值很低，其实我们并不会因此而去研究它。但如果这个行业发展很好，那就值得研究。**

好买： 记得有次采访中，您说要集中产业链研究，二级变现，做几个产业，这样在产业上形成一个相对的优势，那如何比较选出好的行业呢？

王鹏辉： 最难的就是行业之间的比较。比如都是金融行业，银行和保险怎么比？和券商比哪个好？金融和电动车怎么比？白酒和消费品怎么比？白酒和乳制品又怎么比？从哪几个维度来比较？怎么确定这个行业就是好的？它会带来多少利润？这些其实很难在行业之间比较。

好买： 有没有通用的因素可以用来进行行业间的比较？

王鹏辉： 这个比较困难。因为如果错了就会错得很严重，风险比较大。所以**我们研究的重点在于行业比较，**会牵扯到宏观因素，要思考宏观趋势，关注最上游的变化，同时也要关注下游龙头企业的一些变化。所以，我们是从产业的发展趋势和周期来进行行业比较，梳理不同产业所处的阶段，未来前景怎么样，最后再看估值怎么样。

这并不是简单的行业轮动，我们会先忽略估值和走势，看哪些行业有空间或者有反转机会。如果一个行业既没有空间又没有反转机会，我们就不会投资，因为它有向下的压力。

好买： 一个行业您会看多久？

王鹏辉： 越长越好。我们希望目前投入的时间和精力未来还能发挥效用。怎么判断一个行业是不是最好的行业，**第一要有长期发展空间，第二要是业绩拐点行业。**投入研究时间够长、策略容量够大的话，就能够持续不断地在未来创造利润，创造阿尔法。但如果看得太短，比如说只看季度或者半年度的数据，那就是偏博弈的简单行业轮动。

好买： 之前您总结了行业分析的框架：一是行业有成长空间；二是处于商业化进程，要么有利润，要么有户数；三是边际上要有变化。现在这个框架有一些改变吗？

王鹏辉： 我们后来又添加了一条。我们过去比较重视行业空间，比如市场过去关注的营业收入。我们现在更多考虑行业利润，也就是净利润的空间，这牵涉到竞争结构的问题。

有的行业可以做得很大，但竞争结构不好的话基本没有利润，市场上有很多这样的产业。比如早期的家电行业，规模很大，但利润不如现在。再比如早期做铜冶炼的产业，产值非常大，但是没有利润。有一些产业没有进入壁垒，或者说利润率很低，天生就属于各方面没有太多话语权的产业。

所以，我们希望为行业的竞争结构和趋势观察增加一些分析框架。只有竞争结构好了，才能出利润，至少不要恶化。所以，行业竞争结构不要恶化，这是个我们选择行业的基础条件。

比如，2007年我们买了新能源上游，锂和钴，发现锂涨得多，但跌起来也跌得很多，钴开始涨得少但一直涨，核心因素就是钴的行业竞争结构比锂行业好得多。再比如，家电中空调的竞争格局比较好，利润增速也很高。

在这四个方面构成的行业分析框架下，估值放在最后考虑。

那我们对产业的定义什么？不是说煤炭、钢铁、有色这种分类，而是要找到一个主要的推动力。如新能源汽车涵盖了整车、零部件、经销商、充电桩等，对于上游资源来说，新能源汽车的销量就是一个推动力。如果把地产产业链定义成一个产业，从房地产本身到建筑建材再到家电家居，单一的推动力就是房地产。那么**只要把地产这个产业搞清楚，其下游基本上是随之波动，只是延时或者提前波动而已。**

好买： 您认为产业链研究最重要的是什么？

王鹏辉： 做产业比较，其实就是关注几个主要的宏观变量。比如，车的数据不增长，车的产业链空间就没了，但新能源汽车增长很快。再如，地产总量也没有大的成长空间，细分领域定制家具还会有增长，但总体来说增长空间不大。但 TMT 的细分稍微多一些，可以涉及传媒、通信、手机，手机的总量也到了一个阶段性的高峰，可能随着 5G 的推出会再起来一波机会。

研究不透宏观，也就研究不透个股

好买： 除了产业链研究的深入，投资上望正还有哪些优势?

王鹏辉： 我们的优势还有宏观经济周期判断。如果说宏观经济变得非常差，股票全跌下来了，仓位很高的基金也会面临很大回撤。所以，我们也会持续关注宏观。

我们在宏观方面投入了比较多的时间和精力，把 20% ~ 30% 的时间花在了宏观研究上，还有 30% ~ 50% 的时间花在了行业研究上，个股领域我们认为相对比较简单。宏观方面有这么多年的数据需要去分析，去发现未来的趋势性变化。 GDP、货币政策、利率、汇率、 PPI、 CPI、 PMI 等均是时间序列数据，出口、投资、消费跟随时间序列走，如果仔细去找到核心变量，关注边际上的变化，还是能够发现一些端倪的。

好买： 从宏观出发研判，准确性会不会比较差?

王鹏辉： 宏观一般 3 ~ 5 年一个轮回。要做就做反转，抓反转这个区间。我们主要有电动车、消费、医疗这三个长期赛道做保障，同时密切关注宏观。我觉得这三个赛道与宏观有高度相关性，那么这个赛道能抓住就抓。

我的经验是，**宏观研究不准的话很难在个股上选得准。**如果行业之间的分析没搞懂，想要研究透个股很难，因为背后的推动力没找到。前几年的一些家电个股，像格力、美的，没看宏观、没看行业，我就拿着，也是好的。但后来我觉得风险非常大，因为核心是宏观，是放水，是房地产。没有房地产行业的快速发展，这些家电企业不可能做得这么好，利润至少打很多折扣。个股可能有阿尔法，但收益率肯定是小很多。

所以，对每一笔赚到的钱，对它的阿尔法，我们都要努力去分清楚是宏观因子还是行业因子抑或是个股的竞争力带来的阿尔法，然后再决定自己的时间该怎么分配。

个股的阿尔法其实比较简单，宏观和行业研究到后面时，个股判断会越来越简单，即使不做个股研究也能准确判断该买谁。比如海康威视与大华股份，两者做的事情完全一致，只是商业模式不同。很容易就能分析出哪个企业在哪个阶段长周期有阿尔法，哪个阶段短周期有阿尔法。关键是为什么要买安防行业？安防的一大采购商是政府，这个行业的驱动力主要是看政府开支。所以，我觉得**重点是判断为什么要买安防行业，而不是选择海康威视还是大华股份。**

好买：您对买入持有的投资策略怎么看？有一些投资大师，像巴菲特认为“如果不持有十年，一分钟也不要持有”？

王鹏辉：这其实在于对风险的不同认识。拿着股票不动实际上是一种赌博，对了就很厉害，但错了怎么办？怎么能证明这个股票一定是未来五年、十年最好的股票？这要不断地跟踪，不断地去调整，比如智能机领域一定会有企业做得非常好，至于是苹果、黑莓还是别的企业，谁也不知道。因为一个企业可能出现领导人的变化，出现董事长、股东的变化，出现战略的变化，还有竞争对手的革新，这些变化都很快。

买入持有策略要求所选的企业团队很优秀，产业的每次技术革新和周期性变化中，都能把握变革的方向，不能出错。那么，这个赌注就押得非常大，我觉得这是一种很疯狂的想法。你凭什么相信它就能搞好？企业的核心人物可能会发生变化，这非常不可控，其实是一种很激进的做法，我认为他是个风险的极其偏好者。而我们更愿意押注在一个产业上面，去研究它。

比如说白酒行业，最好的公司是茅台，而不是别的企业，为什么？可以说出很多理由，但实际上茅台好就好在一点，就是它的管理层对公司影响不大。但是浓香型白酒企业则不一样，管理层一换，企业就变了。

好买： 所以说在做资管的时候，看那么长时间也不一定对？

王鹏辉： 你看得长当然可以，但是还要能够讲清楚，期间也要修正。

我不认同那种一个企业拿十年的做法，十年本身并不是一个投资人追求的目标。但是这种投资有好处，真要是逼着他一定要拿十年，第一至少不敢选烂的，估值很高的也不会去碰，第二行业特别差的不敢要。这就需要研究宏观经济，每次做一个长周期判断的时候，其实要花很多功夫。

散户之所以会亏钱，本来买了准备拿十年，结果买入后没多久就卖了，主要还是因为买的时候没有做足功课。刚开始要么想得长远一点也做得长线一点，要么想得长远些但做得偏短线些。最怕想得很短期，结果却做得很长线。无论如何，去选一个准备拿 10 年、 20 年的个股，一定是一个风险比较大的事情。

好买： 如果不断修正的话，企业也是在变动的，那怎么做会比较好？

王鹏辉： 如果一跌，预期变差，一涨就修正好了，这个是判断能力的问题，最主要的是核心变量要持续跟踪。

好买： 如果宏观不好，但实际上市场开始涨，遇到这种情况您怎么办？

王鹏辉： 无所谓。投资要想清楚宏观、行业、个股这三个环节，有一个环节没想清楚，都很危险。如果说宏观经济不确定，又找不到一个与宏观经济相关度很低但特别好的行业，盲目进场的话，风险很大。

好买： 问题是你不知道机会什么时候来？

王鹏辉： **私募的好处是可以空仓，可以等**。我绝对不会在搞不清楚的时候建仓。

看好新能源、数据化社会、消费升级

好买： 您一直不看好旧的经济形式，如房地产，比较看好新的经济形式，如能源、数据化等？

王鹏辉： 以房地产为例，房子一直在这里，除非棚改把以前建的房子推掉。 1991 年、1992 年建造的房子可以推掉，但 2003 年、2004 年建造的房子不可能马上推掉，50 年后都不一定会推掉，房地产是长周期的。我们认为房地产现在是高峰，主要是短期波动的价值了。

2008 年、 2009 年的时候，智能手机是个很好的产业，大概全球十几亿部手机的增量，另外还有几十亿部手机的存量全部用功能机换成了智能机。在价格上，智能机也比功能机提高了很多。在量价因素下，智能手机增长很快，那个时候很多企业都围绕着手机在发展。过去十几年，手机产业链的股票都特别好，像苹果、小米、OPPO、VIVO、华为等，包括移动互联网也非常好，其实根源都在智能手机。若把所有精力放在智能手机的硬件和软件以及相关的移动互联网上，就可以一直吃红利。**所以寻找最好的产业就是找到一些能够长期发展的产业，每年它都往前发展，最后能够发展得很大。如果我们不断投入时间分析它，就有复利效应，就不断有利润、有红利。**按投入的工时计算，我们累计在这方面花的小时数应该远远超过大部分机构，像 2017 年我们对新能源汽车的投入应该是国内最多的。

好买： 2017 年你们在新能源汽车方面做得很漂亮。

王鹏辉： 我们的思路就是要集中人力投入产业链，研究团队中都是比较资深的研究员，其中 5 个人平均有六七年的工作经验，我有十几年工作经验，大家都持续不断地进行产业链研究。我们的人力资本投入应该是大部分机构的十倍、几十倍。

好买： 2017 年投资新能源汽车，主要是从哪些维度进行判断和选择？

王鹏辉： 2017 年初我们买了一段时间白酒，产品净值到了 1 元以上，我们觉得宏观有压力，名义 GDP 见顶，风险比较大，于是就去寻找新兴产业。

从行业比较来看，首先看空间，显然新能源汽车空间较大， 2015 年全球才100多万辆，以后可以搞到1亿辆，还有100倍的提升空间。其次看行业边际，当时新能源汽车正好处于阶段性的最低位，五六月份的时候销量最低， 6月13日出了一个双积分政策的征求意见稿，行业出现了边际的变化，利润也有了。最后看估值，当时它的估值杀了一波，已经很便宜了。

2017年8、9月份，我们就卖了，当时判断的维度很简单，上游的锂价涨得太高了。原因有两个方面，一方面政府肯定不愿意看到锂价涨这么高，因为它最终是靠补贴推动的行业。政府更愿意看到补贴进入技术领域或者是瓶颈环节，而不愿意看到最上游涨太多，在市场情绪很热、资金追捧的时候，估值就太高了。另一方面，我们的基金在一个季度净值涨了30%，同期指数大概只有20%的增长，除非在牛市，否则这样的情况很少，那时政策面去杠杆开始，所以我们选择撤退，差不多只留一两成仓位吧。

好买： 除了新能源汽车，望正在数据化社会产业链研究投入也比较多。数据相关的板块有很多，比如语音、大数据分析等。

王鹏辉： 数据化社会的研究主要是从数据出发投入精力研究数据应用层面的东西。**我觉得数据化在10年、 20年、 30年抑或是更长周期内，都会呈现指数级发展。**数据化社会比较宽泛，后来我们把5G看成是个抓手。

好买： 目前5G受冲击较大，您怎么看未来的发展前景?

王鹏辉： 不管现在怎么样， 5G未来可能有机会。数据比较散，但确实会渗透到每个环节，如采集、光学、云计算等。我们把移动互联网包括硬件和软件，全部变成数据来理解。因为单看终端的红利是没了，但是数据化的红利还在，很多领域还没有完全实现数据化。

在产业链研究上，除了新能源汽车、数据化社会，我们后来还加了一个新的产业——大消费和大健康。**消费、健康是个长周期的机会，只要人活着，只要经济发展，它们就会是永远发展的行业。**它们其实和数据是一样的，相对比较分散，分布在各个细分板块上。

创造阿尔法才是望正的未来

好买：未来，望正会向平台型公司发展吗？

王鹏辉：平台型公司需要时间，未来如果研究员能做得特别好，那让他们去发产品。

好买：您的投资目标是什么？想打造什么样的私募产品？

王鹏辉：投资方面的主要目标就是把阿尔法做高、回撤做低，希望我们的业绩曲线跟别人不太一样，别人涨的时候同步涨，别人跌的时候不怎么跌，或者说别人跌的时候也能涨。最好就是别人涨我们也涨，别人跌我们横着，这个曲线是最好。当然，这个曲线是要看五年、十年的，而不是说看一年的。

好买：那真的是很有价值。中间走势跟别人不一样，最终收益一样。阿尔法一样，波动不一样。

王鹏辉：对的，我们的产品与别人相比，相关度很低。所以我觉得，阿尔法应该有，私募没有阿尔法，讲相关度也没用。

好买： 国内现在持续十年的私募并不多，多数只有两三年的历史业绩，要看它未来业绩的可持续性，未来净值曲线会走成什么样，主要还需要结合其投资方法来进行预判。

王鹏辉： 预判其实很麻烦。资产管理机构的存在就是为了给人创造收益。如果大家都一样，我认为真的是在增加成本，而没有创造任何收益。

资管行业最大的敌人就是 ETF 和指数增强，这两个是所有资产管理机构的天敌。现在大部分指数增强类产品都是用量化的方式做，虽然现在量化不一定成熟，可能过个三五年这类产品的业绩就会有显著的提升。技术能力强、计算能力强，指数增强产品就可以发展得很快。一旦突破一个点，快速发展是迟早的事。所以，我们希望与市场上别的机构产品相关度低些，做出自己特色的产品，不容易被颠覆。

好买： 您既是基金经理也是私募机构的管理人，如何管理公司呢?

王鹏辉： 主要围绕几个方面：第一是怎么创造高阿尔法，第二是怎样把回撤控制住，第三是人力资本怎么配置到各个环节上。如果能实现高阿尔法、低回撤，则波动会比大盘低很多，就已经创造了价值，最后就能保持 20% ~30% 的年化收益率。

好买： 年化 20%~ 30% 的收益率难度很高，希望十年之后再看望正，你们已经实现了这个目标。

王鹏辉： 我知道很难，**但是没有 20% 的年化收益，就跑不过指数基金。**朝奔着这个目标努力，最后做到七八成，效果也就可以了。

王鹏辉投资金句

QUOTATION

❶ 如果想赚钱，一是自己创办一家优质企业，这个难度比较大；二是为优质企业打工；三是成为这些优质企业的股东，这个门槛较低，也是最便利的赚钱途径。

❷ 我们这个世界有两股力量，一个是周期的波动，就是永远在不停地涨和跌，另一个是永远在前进的技术。看全球经济史的话，就是这两股力量在影响着每个经济体。

❸ 一直以来，股市有称重器和投票器之争，我认为股票就是投票投出来的。投票很简单，是每个人心里称重衡量的结果，没有统一的称重器，如果称重统一的话大家都不用做投资了。

❹ 股价归根结底还是由基本面推动，基本面的好坏每个人称重过后，通过投票器投出来，长期而言，股价变动是遵循基本面之趋势的。

有的人投资看图形，有的人看基本面、分红、未来等。价格表现的是基本面信息，看图也是看基本面的东西，只是不深究而已，但如果深究背后却又搞不清楚，其实还不如看图。

❺ 适合投资的公司有两类，一类是业绩快速增长，并且估值处于可以接受的范围；第二类是公司打造新的商业模式，股权结构合理，管理层稳定且足够优秀，商业模式推进符合预期。此类公司着眼未来，投资不会拘泥

于利润表。

❻ 成长股是最经典的价值投资，只有成长才能带来价值。巴菲特成功是因为美国经济大规模增长，他生活的时代正好是大萧条的时候，到现在正好是美国挖大坑到如日中天，如果没有这样的成长哪有他的今天？所以真正的价值都是涨出来的。

❼ 创业板就是一个孩子，这个孩子并不依靠父母提供太多的财政政策、货币政策，而是能文能武。创业板非常多样化，不像沪深 300 集中依赖于城镇化、工业化。创业板背后是什么？是企业家，是中国企业家精神的真实反映。

❽ 很多人失败是因为拘泥于过去的成功经验，但时代在变、世界在变。做投资最可怕的就是，前段时间业绩好，做对了，而危险就在前面。成功是失败之母，我认为这是比“失败是成功之母”还要精确的一句话。

❾ 很多时候我们就是生活在经验里，直到大厦坍塌。

❿ 从事股票投资行业，就是企图把自己的能力卖给客户。其实这也不算是很好的商业模式，因为要贩卖自己的能力，就需要有达到客户要求的能力，要不断提高自己的能力，这会一直很辛苦，一不小心就落伍了。

投资最难之处在于正确认识自己。唯有正确认识，才能做到有所为有所不为。

2003 年进入嘉实， 2007 年被提升为股票投资总监， 2015 年离开，刘天君在嘉实历练多年。嘉实的基本面研究塑造了刘天君的价值成长风格，他偏爱白马股，厌恶 A 股炒作博弈特征，不参与主题投资。

他明确地说：“高成长的我会错过。”清醒的人，历久弥坚。

泰旸资产　刘天君

白马王子，黑马之路

刘天君

泰旸资产　总经理兼投资总监

- 北京大学经济学硕士， 18 年证券从业经验。
- 2001 毕业后，在招商证券担任研究员。
- 2003 年 4 月加入嘉实基金， 2006- 2013 年先后担任嘉实泰和、嘉实成长收益、嘉实优质企业基金经理，多次获得行业重量级奖项。还曾任嘉实基金机构首席投资官，熟悉相对收益和绝对收益各类产品。
- 2015 年 3 月创立上海泰旸资产管理有限公司，任总经理兼投资总监。

投资是一路与风险的贴身肉搏，很少有人从不犯错，重要的是能够控制好犯错的后果，唯此才有资本和机会继续“试错”。对于处于成长初期的私募来说，这更是金科玉律、立身之本。本篇要介绍的基金经理泰旸资产刘天君（原嘉实基金投资总监）对此深有感触。

泰旸资产成立于 2015 年 3 月，同年 6 月 4 日首只产品“泰旸一期”成立， 6 月 12 日上证综指站上 5178 点高位后开启断崖式下跌，然后又在 2016 年初突遭熔断。对于一家刚刚成立的私募机构来说，这无异于生死攸关的至暗时刻，创业之初即遭遇漫漫熊市。

不过，泰旸资产如今已走过四年的历程，成为国内新生代绩优私募的代表之一。 2017 年白马股行情的爆发给了它最初的发展机遇，熬过一年多净值徘徊不前的日子后，泰旸资产的产品业绩节节攀升，由此开始进入更多投资者的视野。相较于牛市中获取高收益，熊市中保存好胜利果实更为艰难，这也更能检验出基金经理的投资水平。 2018 年指数全面下挫的市场中，泰旸资产在同业中表现出的极强抗跌能力，再度令投资者刮目相看。

“相比 2015 年、 2007 年的超级大牛市，震荡市、小牛市和小熊市更适合我。”刘天君坦言，自己有风格但并非全能，相比空间更大的早期成长股，他更偏爱进入成熟期的成长股，即大白马，这种特征让他吃过亏，但也帮他躲过很多 A 股的“地雷”，“我会损失掉企业成长初期阶段的涨幅，但长期来看成熟期确定性的涨幅并不少，而且可以避免前期决策错误造成的损失。”

2001 年北京大学经济学硕士毕业。从招商证券研究员做起，在路演时被当时的嘉实基金研究总监相中， 2003 年加入嘉实基金。从行业研究员到基金经理再到股票投资部总监，期间担任过嘉实基金“GARP 小组”组长，在嘉实基金效力十多年，刘天君吸收了嘉实基本面研究的优良基因，他会重点去选择一些低估值高成长性的价值成长股进行中长线投资，通过公司盈利的稳定增长来获得长期收益。这是他公募和私募业绩同样优异的核心方法论。

公募老将，私募新人，老树再发新芽。

白马王子——11 年前挖掘出格力电器

股神巴菲特有句名言：“人生就像滚雪球, 重要的是找到很湿的雪和很长的坡。”**投资上，刘天君是个“图省事”的人，他厌恶 A 股的博弈氛围，不参与主题投资，可以持有一只股票十多年。**

翻阅刘天君在公募时期管理的产品报告，可以发现前十大重仓股中，一直有格力电器的身影。截至 2017 年底，格力电器从 2007 年以来的最大涨幅高达 40 倍①，人人都道格力是只牛股。然而，十多年前即使是资深基金经理都不看好它。

2006 年 8 月，刘天君由嘉实基金研究员转向投资，担任嘉实泰和基金经理。彼时，家电大卖场企业刚刚经过一场江湖混战，销售渠道被国美和苏宁两大巨头牢牢掌控。即使当时已是中国最大的空调生产商，但在强势渠道下，格力电器销售依然受制于人。

2006 年，格力电器管理层在股东大会上提出将抛弃当下流行的大卖场模式，拓展经销商的渠道发展模式。这一战略方向遭到众多基金经理反

---

① 数据来源：Wind。

对，其中不乏名噪一时的行业大佬。在他们看来，国美和苏宁等渠道的发展代表了社会化大生产的合理分工，而且这一类渠道在当时非常强势，增长速度超快，基金经理们普遍认为格力电器逆潮流的发展选择不可取。

一大波基金经理第一时间投了反对票，某种程度上是一种过度自信，而情绪是投资的天敌。

对于经销商模式未来能否成功，当时的刘天君并不完全确定，他觉得企业家这么坚持做一件事一定有其道理，“我们又没干过空调行业，怎么证明比企业家还懂？后来格力的表现也给我一个启发，就是基金经理不要轻易地把自己的想法强加进企业家的战略中。”

多年来，刘天君在研究跟踪企业的过程中一直持有一种观念：不讨论似是而非的东西，不轻易下结论，要持续跟踪看数据上的反馈。

2008 年 4 月，当时金融危机还未爆发，刘天君去珠海见董明珠，“她当时跟我说‘不管今年环境如何，你一定会看到增长’。最后，格力确实做到了。优质的企业，即使身处恶劣的环境，依然有强大的抵挡力。这一点非常重要。”

事后证明，格力电器当时的战略非常成功。在刘天君看来，格力电器聪明地利用了空调生产和消费的季节错配特性，也就是说空调往往是在夏季使用和消费，但淡季又必须保持一定的生产量，否则无法满足夏季的供应。在经销商模式下，经销商淡季打款，旺季拿货销售，格力电器牢牢把握渠道管理的主动权，拥有非常充裕的现金流，打造了一个循环的生态系统。而在大卖场模式下，不仅销售成本高，而且造成格力电器应收账款多，回收资金时间长。

另外，这几年伴随着京东、天猫等线上电商的崛起，空调的销售渠道

投资是认知的变现

越来越多元化。相比过去国美、苏宁两家独大的环境，谈判格局发生了巨大改变，格力电器的产品竞争力和销售谈判力大大增强。

从2006年到2017年，格力电器净利润从6.9亿元提高到200亿元，年复合增长率为36%。2007年以来年平均分红率高达45%，累计现金分红超过400亿元。高速增长的净利润、过往大比例现金分红，11年来格力电器为刘天君的组合贡献了不菲的收益。

某种程度上，格力电器已经成为刘天君投资白马股的象征：ROE要高，要具有成长性，PE不能太高，管理团队要优秀。2006年到2014年是格力高速发展的黄金时期，刘天君希望找到的个股都是像这个阶段的格力一样可以高速增长多年。

平衡理性——投资才能做到反人性

历史上有很多优秀基金经理陨落的故事，很多时候他们不是败于投资能力，而是败于性格气质。

白马股是刘天君长期核心收益来源。不过，相比高大上的行业，白马股通常更多在传统行业中，看起来一点也不性感，反而很朴实。资本市场发展多年，时常会涌现出各类新兴商业模式的个股，这类投资往往更能调动人们神经细胞的兴奋感。投资传统行业白马股，基金经理必须要有平和淡定的心态，2015年股价一飞冲天如今一文不值的乐视网就是一面“照妖镜”。

“2015年，我去南京出差，客户跟我说他自己投资乐视网，几周就翻了一倍，私募产品才这么一点收益。我没说什么。作为专业投资者，我们不能在大是大非的问题上出错。”

回忆起几年前参加乐视网股东大会时的情景，刘天君说：“贾跃亭描述乐视未来的生态后，一些投资人感到非常振奋。我当时觉得太虚无缥缈，不过也不着急下结论，先看看它会做成什么样。后来，乐视电视出来了，我还想着自己是不是看错了，不过即使它是对的，我们认为估值还是偏高。后来继续观察，发现它尝试了很多业务，却看不到清晰的盈利方向，我们觉得这公司太不靠谱了。”

投研圈流行这么一种说法：去公司调研的时候，最好不要见董事长。见了董事长的人，往往被忽悠得很惨。一些基金经理听了公司管理层 PPT 宣讲，按捺不住投资的冲动，高估其价值而忽略潜在的风险，这其实是不够从容淡定。

从多次和刘天君的接触中，你会感受到他性格的一面：平衡理性。不管是 2006 年的格力电器还是几年前的乐视网，在最初判断的时候，他都保持着相对客观理性的态度，不肯定，也不否定，不唯一论，持续观察跟踪。再如，在投资决策上，他更喜欢用数据说话，用数据论证观点，而不是靠似是而非的直觉来下定论。正因为此，刘天君在投资中几乎没有踩过“地雷”。

进入资本市场的人有一个通病：过度自信。**简单来说，这个市场 80% 的人都是输家，但每个人刚进入市场时，都认为自己是未来的赢家。**因此，投资人会选择性从直觉推理，忽略逻辑的合理性和严密性，从而产生认知偏差，夸大个股内在价值，忽视潜在风险，在性格上就表现为非理性乐观或者过度抑制。

所以，投资是反人性的，一名优秀的基金经理至少从性格上适合这个市场。泰旸资产的风格可以概括为“价值成长策略”，既不是典型的价值风格，也不是典型的成长风格，相对中性、中庸一些。在某种程度上，这也是刘天君性格的一个映照。

坚定决策源于深度认知

刘天君在好买路演时，投资人曾给他提了一个问题：“如果知道一只股票是好股票，但市场情绪低迷，股价一路下跌，您是继续持有还是先降仓？”刘天君是这么回答的：“既然是好股票，那就不降! 而且要毫不犹豫地买入。”

投资是认知的变现，坚定的决策往往源于高浓度的认知。像 2017 年的白马股行情中，很多私募管理人都看好腾讯控股、贵州茅台、格力电器、美的电器、恒瑞医药、海康威视等大众耳熟能详的个股。但每个人看好的初衷一定是不一样的，有人是人云亦云，有人是建立在深入的个股理解上。对于刘天君来说，他在个股投资上有哪些核心优势?

1. 常识认知：细微处见真灼

著名基金经理彼得 · 林奇非常善于从家人的购物中寻找好的投资标的。例如，妻子最近买什么牌子衣服，或者儿女口中谈论最多的是什么品牌，因为他可以从常识中发掘价值。

刘天君说，**“研究公司、研究行业就是研究人”**，他非常偏爱 2C 领域的投资，可以一针见血指出生意模式的优劣：

“空调就是一个工业品，没必要前一秒 24 度下一秒 28 度这么智能化，按一下遥控器就行了，也不需要专门搞个 App 来控制，这种白电是不容易被颠覆的。而像吹风机等就不一样了，它可以通过电子化或者外观设计来创造新潮流，比较容易被颠覆。”

“电梯广告作为线下一个重要的流量分发平台，可以快速地引爆很多消费品。它是一个强制的场景，有时候电梯里人挤人气氛略显尴尬，这时候有一块广告屏幕让人看着挺好。”

“投资传统行业最好选择那种不需要用到互联网的领域，比如白酒就不需要互联网，酿酒是个古老的工艺，酿酒师要用脚踩，这样酿出来的酒才好喝。”

“越年轻的人的行为，越能代表互联网未来的发展方向。研究互联网科技，只要深入研究年轻人的需求和行为就行。”

简单的逻辑往往源于深入的洞察。从消费者体验细节出发，刘天君从大家习以为常的现象中抽离出消费类企业被忽略的核心价值点，对常识和人性的深度认知为投资提供了正确的指引。

2. 调研质量决定信息价值：好的研究员要像好的侦探

认知一家企业不仅需要案头工作，还需要基金经理持续的跟踪和深入细致的调研。

刘天君有个粗略估算，泰旸资产每年的调研总量为 100～150 次，平均到每一个投研人员身上约为三五十次，一周左右就会有针对一家公司的调研。而一年中则会有 30～50 个实地调研记录。

最忙的时候，刘天君连吃午饭都显得简单而仓促，大多数股票他都会亲自调研。调研中，他会从公司客户、上下游关联企业、竞争对手、其他基金经理的看法等多维度考察、验证和发现企业的经营情况。

他曾与媒体分享过自己早年的调研故事：“记得那个时候去钢厂调研，

我往往是走在最后的一个，因为大队人马往前走的时候，其实都在听讲解员介绍这个钢是怎么炼的、有什么特点，而我则在后面抄工厂工人的值班日志，这里面有很多生产上的具体指标，比如钢的炼焦比例、能源的消耗比率等。”

刘天君说自己是个细节控，非常注重从自下而上的角度去挖掘价值，从一些工厂技术细节中发现财务报表上看不出来的东西。他认为**好的研究员必须像好的侦探一样，严密细致，因为真相往往隐藏在无数个细节中。**

调研的勤奋度、调研的质量决定了调研获取的信息价值。对于基金经理来说，唯有保持高浓度的调研，才能真正理解个股的核心价值。

3. 集中优势兵力精耕细作：研究强调少而精

作为一家年轻的私募管理机构，泰旸资产在投研配置上人数不多，比较精干，目前仍在招兵买马，短期还不能和大型私募相比。而一个人的时间和精力都是有限的，出色的业绩在于在能力圈范围之内的精耕细作。

目前，A股和港股市场上总共有4 000只左右的股票，泰旸资产的股票库中有80只，其中20只核心股和60只备选股，每年股票库更换不超过10只股票，而只有进入核心库的股票，泰旸资产才会有实盘持仓。

泰旸资产的持仓组合是一个金字塔形的结构，最好的几只股票会占很大的权重，占比10%的重仓股可能有3～5只，其他的比较分散。对于刘天君来说，他不会买一只股票就只买1%，如果决定买哪只股票，基本会买到三个点以上。

在个股集中度上，泰旸资产单只股票持仓最高不超过股票部分的15%，适当分散了风险。不过，刘天君认为也不能过于分散，还要适当集中。“很多股票有比较大的瑕疵，有些还存在勾兑现象，如果说降低投研要求，稍微买一点，那么只要踩一个雷，整个组合都会遇到危险。”

刘天君强调在研究上要“少而精”，要把精力投入到最有价值的地方，择其优者而从之，比如行业的龙头和主要参与者等，在这些股票上加大研究的深度和力度。

认知很多人都有，但如果认知没有达到一定的深度，很难在投资决策上反映出来。研究上集中火力，调研上勤奋细致，如此才能不断提高基金经理对个股的认知度。

投资最难在于认清能力圈

从表面上看，投资比拼的是智商，是运气。但骨子里比拼的是，谁能更清楚地认识自己，找到适合自己的风格和策略并坚持下去。作为公司核心的投资经理，刘天君清楚了解自己的能力边界在哪里，适合怎样的市场环境，直面自己投资上的不全能:

“高成长的会错过，比如我可能会错过美的、格力电器的第一波。因为初期看不清，企业还没有收入，业务结构不清晰，不知道它往哪里走。但是当我看到盈利方向，会毫不犹豫跟上。亚马逊会错过，因为我绝对看不懂。特斯拉我永远都不会买，拿梦想忽悠我的企业都不会买，因为看不到其财务报表的稳定性。新能源的机会我会放弃，补贴很高的行业受政策的影响比较大，而政策是很难去研究判断的。这其中或许有一些个股会脱颖而出，但坑也很多。很多人擅长选黑马、偏短线的操作，那是我的盲区。”

资本市场，看似遍地黄金，实则处处陷阱。投资最难的是保持一份清醒，有所为有所不为。作为在资本市场滚爬近 20 年、历经多次牛熊考验的老兵，刘天君的投资能力和实力无疑是出色的。作为私募机构新秀的泰旸资产，才刚出发四年，保持稳定的投研架构，实现产品业绩以及管理规模持续增长，这些任务还在等着刘天君和他的同事们。欣慰的是，这些年泰旸资产有了一个不错的开头。

泰旸资产团队成员

- 上海泰旸资产管理有限公司（简称“泰旸资产”）成立于 2015 年 3 月，以 GARP（Growth At a Reasonable Price）为核心股票投资策略，重点投资高流动性的 A 股和 H 股。

- 通过自上而下行业筛选与自下而上精选个股相结合的方式，主要选择低估值、高成长的价值成长股进行中长线投资，通过公司盈利的稳定增长获取长期收益。同时，也允许合理运用基本面趋势、事件驱动和反向机会等辅助策略带来的投资机会。另外，还通过可转债、新股及现金管理等辅助投资策略提高收益。

（数据来源：好买基金研究中心。数据截至 2019 年 3 月 19 日）

对话

DIALOGUE

泰旸资产 刘天君

要相信市场的“地心引力”：

一是，绝对估值；

二是，海外市场公认的长期估值；

三是，股票的历史表现。

访谈时间： 2018年12月

源于嘉实的基本面研究信仰

好买： 您2001年北京大学毕业后到招商证券做研究员，2003年进入嘉实基金，当时进入公募行业是怎样一个过程？您从嘉实研究员一路到股票投资总监，在嘉实基金工作了十多年，这段经历对您投资方法的形成带来了哪些帮助？

刘天君： 2003年嘉实基金想从一线券商卖方或者公募买方机构中招募合适的研究员，我当时在招商证券研究所做研究员，去嘉实基金路演的时候，嘉实的领导们觉得我还不错。2003年的嘉实规模还很小，行业研究员只有四五个人，还是一个成长型的公募机构。我觉得嘉实给研究员的发展空间还是比较宽阔的，后来嘉实给了我offer。通过这样一个契机，我进入了嘉实。**在嘉实基金十多年，我从中受益了很多，主要是基本面研究的建立、国际价值投资理念和国际估值方法论的形成。**

2003年前， A股市场更流行主题投资、趋势投资。而嘉实基金核心团队中不乏海外背景的人才，既有外资背景的，也有一线金融机构背景的，团队融合了多种类型的优质人才，因此也较早地开始接触海外投资流派和风格。海外是很崇尚价值投资的，嘉实基金当时也很重视基本面研究，比较关注蓝筹股、一线行业龙头等，而不是去追逐市场的热点。

那个时候，大家都非常勤奋。我们几个研究员整体的风格都属于比较传统的基本面研究，每个人覆盖多个行业。我主要是看金属、非金属、钢铁、有色、水泥和玻璃，这些行业在当时都属于成长型行业，那个时候没那么多TMT的成长公司，基本上还是关注传统行业。当时银行、地产、机场、港口等都属于热门行业，2003年的时候成长很快，中国刚加入WTO，出口拉动经济增长，制造业高速发展，出口相关的行业表现很好，这是当时的产业发展背景，投资机构也由此开始重视基本面引起的股价变化。

2003年是“五朵金花”行情，2004年是医药股行情，都是结构性机会，并非是齐涨齐跌的行情。2003年嘉实成长收益基金在所有开放式基金净值增长中拿到了第三名，2004年嘉实增长基金以超过15%的净值增长率在所有开放式基金中名列第二[①]，嘉实基金连续两年业绩都不错，这也给了公司一个底气和决心，也就是继续走基本面研究这条道路，做好公司研究，精选个股。

那个时候嘉实基金重仓了一些行业龙头，比较喜欢上海机场、海螺水泥等个股，这几只股票在当时都被打上嘉实的标签，但它们也不是每一年都好。不过十几年下来，发现这些公司在当时都是具有长期投资价值的。嘉实基金研究员也好，基金经理也好，都开始做一些深度研究，对个股持续跟踪。那时候，海螺水泥、福耀玻璃都是我跟踪的，我们研究员也经常跟基金经理一起去实地调研，跟管理层保持紧密沟通，由此积累了很多研究观察一个公司的视角和经验。

当然，那个时候在国际视野上还是不足的，毕竟与外资机构交流少，也不太懂全球的估值方法，对比分析比较少，更多的还是局限在A股的框

① 资料来源：《南方日报》《中国证券报》。

架里面，在A股的整个市场中去比较估值是便宜还是贵，而这些比较也都是相对的。到了2005年，一个很偶然的机会开拓了我在研究上的国际视野。那时候，我要跟随几个基金经理来上海待一段时间，这一待就是一年。当时，上海在国际金融方面还是比较领先的，外资行开会基本都是在上海，很少有去北京的，深圳也才刚刚发展起来。因为嘉实基金已经慢慢积累了一定的规模，与高盛等这些大投行都有一些联系、交流沟通，我去参加这些国际投行的会议，听他们在宏观策略上的布局，听他们对市场投资机会的看法。**他们总体的看法就是买大股票，因为“流动性要求很严格”，几十亿元人民币壳价值的股票根本不敢进去。**他们主要跟踪行业龙头，二线龙头也会看，但是会非常重视公司的产业地位，或者说至少要看到它在行业里面有非常独特的竞争力，拥有不错的竞争格局。另外他们还关注行业本身的商业逻辑，判断适不适合做长期投资，由此会排除掉很多行业。所以那时候通过一些行业的跟踪，**我基本上认知了一些行业和企业的商业逻辑，对它们有了定性的看法，比如环保、造纸行业的公司要么周期性过强要么现金流很差，这是这个行业的属性。**在嘉实基金，通过很多大型的国际金融投资会议，让我认识到国外投资理念和国内的巨大差异，也因此受到很多启发。

另外一个让我很受益的是嘉实基金比较早地引入了国际估值的培训。当时是一家专业的培训机构做的，有很厚的一套书，从整个财务模型的预测到估值比较，到各种外资行普遍运用的估值方法，像DCF（现金流折现法）、 EVEBITDA（企业价值倍数）各类敏感性分析等，估值分析框架非常系统化，而且有很多细节的内容，这给了我系统的训练，从方法论角度教会了我怎么做企业估值研究，怎么把研究工作做扎实。嘉实当时对研究要求也很严，做了一些重点公司模型，参考海外公司去做估值的比较。当时做宝钢的估值模型就参考了国际市场竞争力非常强的高铁公司，像新日铁公司、韩国浦项钢铁公司等，然后还要对比财务报表的结构，非常细致。还有像 DCF 估值模型也给了我很大启发，因为 DCF 不是要得出一个绝对的值，它是一个敏感性分析法，是一个范围，一个数值的细微调节可能得出的估值变化就很大，差两三倍都很正常。从中你会明白，股价的波动区间可以很大，因为影响因素很复杂。太长期限的企业估值很难把握，所以**我们当时要求尽量把显性预测做得精准，其实基金经理最有把握的主要是对未来三年业绩的估测，企业永续增长率多少，很难说得准。**三年相对较快，一年一年很快就验证了，如果业绩判断正确，就能得到市场的奖赏，判断错误就要被惩罚。

从 2003 年一直到 2010 年，嘉实都在践行这样一个方法论，就是去找市场的预期差。预期差在哪里，主要还是从基本面角度考虑，落脚就是业绩预测、财务模型和 DCF 等。像 2007 年的时候很多股票敢于下手，不是因为我们判断市场一定会涨，而是从相对收益的角度，如果不做仓位选择，那就尽量选择有阿尔法来源的个股，主要是有业绩超预期的个股，这是最简单的策略，也是最直接有效的策略。那个时候互联网时代还没有到来，信息传递还很慢，市场还有很大的预期差。那时候经常会出现这样一种情况：很多股票我们提前通过财务模型和调研后，已经得到了一个比较有把握的业绩预测，但可能市场还远远不知道，甚至有时候卖方研究员一个路演都能带来一个超额收益的个股。因为信息传递慢，所以那个时候这个策略是比较管用的，总体上是可以通过勤奋赚到钱的，阿尔法的来源比较容易找到。一旦找不到，有可能阶段性业绩就不好，反映在产品净值就很直接。当然，2011年后情况稍微有些变化。

好买： 您管理的第一只产品嘉实泰和业绩非常好，当时有很多基民从中赚到不少钱。

刘天君： 这是一只封闭式基金，我是从2006年开始管理的。这只基金业绩好，一方面是因为规模相对稳定，一方面也算是自己厚积薄发吧。

2006年的大牛市，很多基金都经历了大幅扩募。有一种普遍情况，有些基金刚开始规模十多亿元、二十多亿元，牛市中涨得不错，营销成功后规模达到200亿元。对于一些基金经理来说，募集了这么多钱后很难买到好的标的，有的是自身覆盖面还不够，没有找到更多的阿尔法来源，只能不断购买原有重仓股，把这些股票的价格往上推，有的是管钱的能力还没有到达一定高度，无法驾驭很大的规模。所以我觉得自己还是比较幸运的，嘉实泰和因为封闭，基金规模在大牛市中没有特别大的变化，这减少了投资上的难度。

此外也有厚积薄发的成分，那时候我已经做了5年研究工作，虽然在一些行业还有盲区，但对接近一半的行业已经覆盖过一遍，相对比较了解，也储备了很多对行业认知的观点，机械、金融、地产、家电、高端白酒、有色等这些都研究过。我买过一个阶段的水泥钢铁，但我觉得有色周期性特别强，不敢多买。整个牛市中拿时间最长的是金融、地产，加上白酒和一部分的医药、先进制造，像三一重工、格力电器、中国船舶这些大牛股基本都吃到了，因为对这些个股的认识基本上在我做研究的时候就已经储备了。

像三一重工，我在管钱之前就已经去调研过两三次，管钱之后投了它后又去。格力电器的最初投资得益于嘉实基金整个团队，嘉实基金很早就投过了。也听其他基金经理讲格力电器的投资逻辑，但是后来他们都没有坚持下来，倒变成了我的真爱。一直到我离任，格力电器基本上都在我的前十大重仓股之列，可能偶尔有一两个季度不在，但从没有被清仓，一直持续跟踪它。

好买： 您 2014 年在嘉实基金机构投资部管理年金、 QFII 还有专户产品，这段经历给你怎样的体会？

刘天君： 这段经历带给我的主要还是对绝对收益产品的体会，同时也更容易理解客户的诉求。之前管理嘉实其他公募基金的时候，除了少数的机构客户，很少面对个人客户，没有一个明确的投资目标诉求。但是管理专户、 QFII 的时候，能知道客户是怎么想的，会给你投资目标的指引，总体来说会更了解产品投资目标。

管理公募的时候，更看重年度排名和规模，哪怕内心觉得去投资创业板会亏钱，但是全市场 90%的基金经理都在买创业板，好像完全不投排名风险也很大，所以我可能不买那么多但至少要买一点。

好买： 这也很无奈。在公募基金的考核机制下，采用这种策略挺合适。

刘天君： 是的，这是公募基金的考核模式决定的，指挥棒就是这样。而专户产品或者绝对收益产品则以达成客户投资目标为主，不用去跟别的基金经理比较。虽然有一部分产品也要与同行去比较，但不是全市场的比较，你甚至不知道对手是什么样的持仓结构，最多知道他们的净值。私募不像公募一样每三个月公布一次净值，基金经理有个对标的锚。所以，**我感觉管公募相对比较容易，而管专户和绝对收益的难度慢慢在加大，因为没有可比的标准，相当于自己走到一个无人区，自己去对战市场，去取得想要的果实。**而公募基金经理是结伴同行，只要在这一堆人里面跑在前面就行。 2014 年管理专户的经历给了我一个很好的磨练，让我有了一个从相对收益到绝对收益的投资适应期。经过那段时间的训练，我对回撤的理解也更加深入，更容易靠近私募投资者所要求的投资目标，而原来公募只有排名对比没有回撤对比，大家都跌了这么多，没什么可比的。

选股的关键是找到长长的坡

好买： 格力电器可以说是您的一个典型投资案例，比较能代表您的投资偏好和风格。

刘天君： 是的。对于市场来说，格力可能不够性感，但我反倒喜欢这种能算得清账的企业。遵守自己的投资逻辑和框架，它能够自洽，而市场却不认可，这反倒提供了预期差。如果大家一致认可，其实超额收益有可能进入尾声了。

2006 年我去格力电器开股东大会，很多人指责格力，认为格力电器必须得服从于国美、苏宁等大卖场销售渠道，搞传统的经销商模式肯定会被时代淘汰。格电器力当时的逻辑是，自己被国美、苏宁这些渠道压榨得太厉害，为了保证空调品质不能偷工减料，必须要掌握自己的渠道优势，把产品分销出去，这样利润才能最大化。

通过国美、苏宁销售，营销费用、店面不同位置的费用、进场费等都需要厂商承担。不过消费者现在去这些大卖场买空调，并不是哪个厂商占据核心位置，就买哪家的空调，大家已经形成一种印象“买空调就是买格力”。即使格力的位置在最里面，也不影响它的销售。事后来看，格力选择自建渠道的模式是正确的，但在当时也是最无奈、最合理的选择。最主要的是，它的管理层有非常强的执行力，通过经销商的管控、分销渠道的管理，在库存管理方面做得很不错。当然，还有大环境的影响，从 2006 年开始中国城镇化处在一个高速发展的过程，房地产的发展带动了空调行业的发展。到了 2010 年左右，家用空调的增长逐渐放缓，有一点周期性了，这时格力电器开始在商用空调领域抢外资的份额，进入高端商铺、高端场馆等。所以，从渠道管控，从家用空调到商用空调，格力电器从 2006 年经历了七八年的高速成长期，推高了它的股价。从 2014 年开始，格力电器才呈现出了比较多的周期属性。

所以，我过去投资格力电器成功的核心因素是，看到了它有一条持续发展的长坡，是高速的业绩增长，而不是估值上很小的预期差。**选择投资这样的企业有复合效应。我不太擅长做周期类企业的投资，像光伏、新能源，可能某年很好某年又很差，波动较大，投资上要折返跑，节奏不好把控，可能容易买在高点卖在低点。**

有的投资经理可能喜欢做周期轮动、行业轮动，而且做得不错，这是他的投资策略和内心信仰。他可能这半年就某一个主题风格去下注，赌对了之后，很快又撤。不过该策略下，投资经理对企业的看法不会是未来三年的观点，最多是半年到一年的认知，观点变得很快，要不断地下注，所以胜率要求也会比较高。

我比较喜欢周期性弱同时成长坡度长，可投期限比较长的企业，找到几个这样的企业投资 3~5 年最好，像格力投资了 8 年多。只要它估值不是很夸张，赚钱的概率是蛮大的。

好买： 您的这种基本面研究更多属于价值成长风格，像巴菲特说的投资企业坡度要长。这类企业的成长逻辑比较简单，但实际上其股价的波动，除了受业绩波动影响也受情绪波动影响，有时候一个企业可能今年增长很多，明年会放缓，后年又涨很多，不是一个完全的线性成长。受情绪影响，股价会存在很大波动。遇到这种成长性，您怎么投资?

刘天君： 这个问题我们想过，最重要的还是要更精准地对股票进行估值。无论业绩也好，情绪也罢，股价都存在短周期波动的可能性。比如有只特别受关注的医药股，最近一个月股价跌了 30%，从业绩看至少短周期内不一定会有波动，但是估值却直接波动了。政策面的风险或者一些新药审批的风险，均会影响它未来两年后的业绩，但是大家很快就把它折现到现价里面，那我们要对股票的这种风险收益特征进行判断，什么区间属于隐藏风险高的区间，而不是说现在一定要清仓完毕不买回来。存在一类股票，受情绪过热或过冷影响，波动比较大，这个不是我们能掌控的。我们希望的是找到股价相对来说波幅小一点能够线性往上走的，但股票往往不是如此。所以要对它有一个精准的相对明确的估值区间判断，如果风险大于收益，有很强的回调风险，这种时候宁可减少收益也要控制风险。假设它后续继续往上涨，那这可能不是我短期应该赚的钱，如果现在进去可能就是趋势投资，抢一波快钱，抢的是别人比你更乐观。但是一旦掉头，利空出现，你就会很惨。因为长周期来说，它也可能存在一种风险，一直不回调上涨，我们不能去赌。

我们在嘉实基金也曾受到过惨痛的教训，有一只股票高速增长了好几年，我们没重仓买过，后面再进去时已经晚了。还有像2011年之前，有只医药股从2003年进入一个高速增长期，它的核心产品销售每个季度都超预期，估值从十几倍变成三十几倍，后来到四十几倍。不过2011年后，整体增长就慢下来，估值一次性降了下来，回到了二十几倍，就再也没回到过去的三十倍。

所以，**对于一些强逻辑的或者一直估值偏高区域交易的股票，可能会错过。但这种股票如果要重仓的话，只能是用成长的风格去投。**所以，我们不敢说自己是成长风格而是GARP策略，因为我们除了看中成长性外还喜欢对股票估值进行更精准的判断。如果估值贵了，哪怕基本面长期空间很好，也不应该买或者是不能买太多，否则一个回撤或者阶段性调整，都会带来很大压力，尤其是做绝对收益的。

好买：像GARP策略投资，久期是很长的，但客户还是有一些要求的。根据我们的研究，客户持有公募基金的平均时间大概是半年，私募基金大概是一年。从长期看，短期能做出相对收益的积累，长期都会有绝对收益，比如年化15%。但是对于客户来说，他可能一年就要你做出绝对收益，如果一年表现不好，你会不会被动做一些止损?

刘天君：过去我真的不太做。虽然客户持有公募基金只有半年时间，但是客户量大，我可以滚动操作，没有规模压力。私募，我觉得要有一年或者是稍微再长一点的期限，正常的话，我们能够把超额收益给做出来。

我比较倾向于短周期尽量获取较高的相对收益，比如指数跌20%，私募产品如果能有20%的超额收益，保本那就不错了。如果指数跌30%，那可能真扛不住，我们也可能会跌 10%，但客户也能理解。如果每年都有 20% 的阿尔法超额收益，长期也能积累绝对收益，这更容易操作。

泰旸资产成立于 2015 年 3 月，首只产品在当年 6 月发行。截至 2018 年底，泰旸有三个产品拥有两年以上的业绩，有的是在三年以上，三只产品都实现了还不错的绝对收益。当然如果是在高点成立的，那么绝对收益就会缩窄一点。我们的目标是以三年为一个周期，做到任何产品、任何点位都能有绝对收益，哪怕绝对收益不高，但至少不能亏钱。

按照正确的方法论持续努力，滚动地做，我相信随着时间推移一定会实现不错的绝对收益，哪怕有一个阶段超额损失都关系不大。我们最怕的是永久性损失。

在医药、消费等行业集中投研精力

好买： 身处市场中，不论是公募还是私募，大家只比较净值。做资产管理，企业价值很重要，而投资行业最关键在于人，也就是投研团队。像您在公募，投研人员比较多，资源配置相对比较完善。那出来做私募，怎样去打造一个投研上的核心竞争力?

刘天君： 公募的投研人数肯定比我们多，不过对泰旸资产来说，其实并不一定要覆盖市场上所有的行业，毕竟本身精力有限。当然，投研信息量过少肯定是有风险的，可能业绩会越来越差，因为覆盖面过窄，某些行业不覆盖或者覆盖得很肤浅，完全是看报告或者跟随投行做配置。除了精力，**对于泰旸资产来说，有些行业不需要太大的投入，我们希望把更多的精力投入到消费、医药和科技等行业，而在有投入的地方，投研深度至少**

要超过市场平均认知，否则很快会被淘汰。在我们看来，消费、医药和科技这些行业在未来五年甚至十年，都是有阿尔法的，我们是把优质资源集中在产出率比较高的地方。而且在产出率高的地方，在一个好的赛道里，我希望研究员的研究能达到市场较高水平，经过两三年的历练之后，能达到行业前 20% 、 30% 的水平。这样，我们基本上就能做出不错的业绩，至少是能够活下来。

好买： 怎么保证泰旸研究员的水平能够达到行业前 1/3，有没有比较好的方法和机制？

刘天君： 在研究上，框架性的东西都差不多。嘉实基金带给我的基本面研究方法论还是比较正统的，在估值模型判断、企业竞争格局认识、行业属性上都有自己的体系和框架。从泰旸资产目前研究员的资质来看，不管是教育背景还是过往的工作经验都是比较优秀的，以我的经验再结合外部的一些培训，以及研究员对行业知识和企业调研的自我学习，经过两三年时间泰旸资产的研究员可以拥有较高的研究水平，至少可以达到一线公募基金的平均水平。但是研究员还需要再提高才能爆发，毕竟每个研究员自身的背景有差异，不是所有人都能达到理想的能力水准。

好买： 在研究员的培训中有没有一些规定的做研究的动作流程，还是更多让研究员自由发挥？

刘天君： 我自己在做研究的时候，有一些标准的动作，但是大部分的动作是比较自由。我们更多地是启发式教育，不是填鸭式教育。像研究报告怎么写、财务模型怎么做，有个基本范式，但像调研怎么展开就很难标准化。在某些行业研究上，其实我们给研究员提供的具体资料有限，只能大体给他画个圈，告诉他哪几个行业和领域可以深入研究。不过我不排斥研究员自己去研究别的行业，我不会说这个行业别看了，浪费时间，我们是很开放的。

总体来说，我希望大家有自己的主观引导性，完全手把手地教肯定是教不会的，资质差的研究员可能两三年的时间就会被淘汰，**这个行业与天赋有比较大的关系，我们就是要滚动淘汰，无法保证每个人都能成功。**

好买： 有些行业和个股指定研究员后，你们内部会经常一起开会交流吗?

刘天君： 对。其实每个研究员永远不可能只看这一行，因为研究员的最终目的是做投资经理，未来我们也会有产品逐渐放给研究员管理。我们初步预定研究员做研究三到五年的时间后可以兼任基金经理，尝试投资，或者以行业基金经理为主。如果研究员做研究五年以上特别成熟的，行业覆盖较广或者是对市场的理解慢慢成形的，那我们就会考虑正式让他接管产品，现在已经有研究员和我一起共同管理两个产品了，不过当下还不能马上放手给他，至少要等到他经历过市场剧烈波动，对产品回撤有较深体会的时候才能考虑，毕竟这涉及客户的切身利益，所以我们还是会谨慎对待。

好买： 按照您的投资框架，应该对宏观走势不会关注太多，更多还是看个股。

刘天君： 是的。我做研究员的时候就是尽量不看宏观，但完全不看也不可能。**三年以内的研究员，我觉得最多分配 10%的精力研究宏观，而更多时间用来研究行业和个股对个人成长更有帮助，对投资决策也更有价值。**我现在基本上每天看十分钟新闻联播，了解下今天的重大新闻就好，宏观的我来掌控，研究员关注好行业新闻就好。

好买： 2018 年指数全面下挫， 2019 年您有什么运作想法？看好哪些板块的投资机会？

刘天君： 我们觉得利空的杀伤力越来越小，可能还有点余震。经济可能在 2019 年晚一点出现转机，但股票市场一般都会提前反应。现在很多好股票变得便宜了，绝对收益的概率较大，不敢说收益空间有多大，但我觉得有稳定的增速，而且这个增速与经济环境的相关性不高。

我们比较看好日用品、化妆品、调味品、免税等板块，其中有些估值还可以，PEG 基本在 1 以下或者 1 左右，确定性比较强。消费品公司最重要的是一定要管控好目标人群，知道客户在哪里。人群有不同的诉求，客群有针对性。消费行业也有周期，泰旸要找顺应时代发展的新消费品公司。

另外，我们长期比较关注医药行业。现在 80 后人口占比下降得很厉害，二胎政策作用不大，未来出生率下降，老龄化会越来越严重，人口寿命会越来越长，医疗医药是长周期的繁荣行业。原研药政策必须有知识产权保障。随着带量采购政策推进，利空因素消化接近尾声。医药研究很专业，理解商业逻辑、技术储备需要专业性的判断。

刘天君投资金句

QUOTATION

❶ 我偏好价值成长型公司而非纯成长型公司，对于财报较差、擅长兜售梦想的公司，会尽可能回避。我们更愿意投资于企业“从 1 到 N”这个确定性更高的阶段，而不是“从 0 到 1”的阶段。

❷ 虽然你赌对了风格，有可能有很高甚至超高的回报，但是如果风格处在一个不确定的环境中，那么最好的策略还是选择自己最有把握的。自己非常理解的公司，去投资它，甚至是去长期投资它，陪伴是最长情的告白。

❸ 选股，就是在公司质地、成长性和估值之间选择平衡，特别是对于成长股而言，高成长是决定性的，一旦达不到市场的一致预期，投资者对估值的判断就会发生逆转。所以，应留意高成长的股票是否在估值中得到反映，只有持续超预期的成长才会带来估值的上移，而低于预期的成长甚至仅符合预期的成长，股票下跌或估值下移都是大概率事件。

❹ 我一般将成长股分为两类：一是长线成长股，主要是由行业变革较慢、商业模式稳定、成长性良好且估值合理的白马股组成，这是我的核心持仓，平均持有期限为 5~ 8 年，比如大众消费品、制造业等；二是阶段成长股，主要是由行业变革较快、商业模式不断更新、处于战略转型期的准白马股组成，特点是业绩和估值同时扩张，股价快速体现合理价值，达到目标价后则可进行换仓，平均持有期限为 1~ 2 年。

❺ 做到长期投资最难，买卖一个股票很容易，低买高卖其实也不难，但问题是你能不能做到对一个具备长期价值的股票长期坚守，甚至有的时候是非常寂寞地等待，所以很多时候并不能简单地去看股价的表现，而是要理解其背后的投资逻辑和深度价值。

❻ 要相信市场的“地心引力”，我总结了几条相关原则：一是绝对估值；二是海外市场公认的长期估值指标；三是股票的历史表现。

❼ 投资是技术和艺术的结合。技术层面是对大势、行业、个股都要了解，需要花功夫研究很多领域，对行业的发展情形比较熟悉。然而，怎样把技术转化为业绩是更高层面的东西，要用到投资理念和投资方法，这就是艺术。投资要站在市场的前面看问题，先是个股的前瞻，再是行业的前瞻，宏观的因素我比较淡化，因为很多公司的走向基本上不受宏观经济环境的影响。

❽ 做投资往往会碰到至暗时刻，就是在黎明到来前的最后一两天，一定要坚持住。有的时候，就是在你最崩溃的时候，可能机会已经悄然来临，所以不要轻易放弃自己的方法论，然后持续学习。一方面要非常坚定自己的方法和策略，另一方面要不断地更新自己的知识和方法论。

❾ 涨得快的品种要敢于兑现盈利，这样跑出来的净值有累积效应，回撤也控制住了。

⑩ 一个好的研究员犹如一个好的侦探或记者，这就是为什么有很多上市公司的丑闻都是被记者发掘的。因为这个行业的特点决定了他很细致，善于挖掘一些细节并了解事实的真相。

我们需要什么样的基金经理？

选基金就是选人，这一点基本上已经深入人心。但是什么样的人是我们真正需要的呢？

思来想去，两个字——靠谱。何谓“靠谱”呢？可分成两点：信得过，有德；干得了，有才。而且，德在才之先。

巴菲特说：“当寻找受雇的职员时，你要从中寻找三种品质——正直、勤奋、活力。而且，如果他们不拥有第一品质，其余两个将毁灭你。对此你要深思，这一点是千真万确的。如果你雇用了没有第二种品质的某些人，你实际上想要他们既哑又懒。”早在几千年前，中国的孔子也把“德”放在了最重要的位置，他说：“如有周公之才之美，使骄且吝，其余不足观也已。”德不配才，也是不行的。

基金行业在整体游戏规则的设置上其实是偏向管理公司的，私募基金替客户管理资产，收取管理费和业绩报酬，很容易陷入“抛硬币游戏的误区：正面我赢，反面你输”这种于客户不利的意识中。关于这一点，经济学上有一个高大上的名字，叫“委托代理人”风险。职业道德是对这个博弈的一个约束。如果私募基金失去了道德，那么客户一开始就输了，只是危害可能会显现在一年后，也可能显现在三年后。更进一步，也可能存在基于“道德风险”的道德风险，怎么理解呢？用一个基金经理讲的例子，来说明这件事。

在世界杯淘汰赛上，最后罚点球的阶段，如果从结果来看，守门员站着不动，可能是最好的结局。那么，他们为什么要扑呢？可能性一，他们看错了；可能性二，是为了避免道德风险。假如球进了，没有扑，观众会说，你看这人，动也不动，一点职业精神都没有。假如扑了，没进，可能观众会谅解他，你看，都尽力了。于是产生了基于道德风险的道德风险。

以上是先从人恶论来推断，相当于考量私募基金的底线。实际上，相比于其他理财产品，私募基金更接近价值投资。其一，在利益机制上绑得更紧。私募基金的收益来源于业绩提成，而不是管理费，业绩好才能双赢，业绩差就双输。这也是私募这种资产管理机构自带的稳定机制。因为，出来做私募基金经理的，不少曾是公募、保险、券商的资深投资经理，机会成本较大。在私募做不好业绩，等于职业生涯就结束了；其二，私募的竞争格局更为清晰。“公而优则私”，不少私募基金经理原来是公募中的投资总监、总经理等行业标志性人物。私募的收费更高一点，相当于投资者为一个高品质的商品付出了更高的价格。

那么，如何考量“德”，又如何考量“才”呢？或者有没有什么机制，一起考察了呢？

好买经过十年的积累，针对基金研究的 4P 三性分析框架逐步丰满和有机。

Platform：公司综合平台实力、股东、人力素质、发展目标、经验理念。

People：基金经理的素质和能力，投研团队的整体水平、稳定性及敬业程度。

Process：投资决策流程、流程执行情况。

Performance：投资业绩、业绩评价。

4P 是我们看基金的角度，其实也是一个普遍性的角度。孔子说："视其所以，观其所由，察其所安。人焉廋哉？人焉廋哉？" Platform、People 是看过去，是"视其所以"，而 Process、Performance 是"观其所由"。

"三性"则是具体的评价角度，是"察其所安"。它解决的是如何对每个点打分的问题。"三性"即"一致性、有效性、稳定性"。"一致性"解决的是说和做的问题，在投资理念和持仓上是有逻辑的吗？"有效性"考察的是投资结果的问题，为什么好，为什么坏？性价比如何？"稳定性"解释的是考察可信度的问题。在方法上有多少积累？历经牛熊，是不是还在一个跑道上跑，还是已经改弦易辙，一会儿造船，一会儿修桥？

所有推荐给客户的产品，都必须见到产品的实际负责人，对国内的产品是这样，对海外的产品同样是这样。因为，"闻名不如见面"，每个人都会有气场，外化来看就是"语气、肢体动作、面部表情"，甚至办公环境都反映了一个人的旨趣。我们不排斥"为客户赚钱，为自己赚钱"的基金经理，但更倾向于把投资作为一生事业的基金经理。因为喜欢和纯粹是更高维度的职业道德。

那么，选到好的基金经理，是不是就能赚到钱呢？是不是就找到了适合客户的基金经理呢？

答案有点让人失望——否。他人蜜糖，汝之砒霜，投资如穿鞋，合适的才是最好的，买基金也是一样。如果把基金经理看作是为保卫资产派出的大将，采取守势，最好用廉颇型，是赵国的“长城”；攻城略地，当用白起，南挫强楚，北威燕赵。前者是下行风险小，后者是进攻性强。没有在所有时候适合所有人的基金经理。

简化来看，找到适合的基金经理，得从自身出发。

其一，投资期限。资产有久期，投资期限和资产的久期相和，是投资的第一步。如果只投资一天，那么保留现金是最好的选择；如果投资一个月，那么货币基金是比较好的选择。如果投资债券，那么可能的期限是 1 年。要知道，在债券基金十多年的历史中，仅有一年是亏损的。如果投资股权，那么少则 5 年，长则 10 年。策略也有久期，套利的久期短，纯多头股票的久期长。哪怕同是多头股票的策略，选择高分红的、业绩稳定公司的久期短，选择未来成长公司的则久期长。

其二，承受多少风险。“未料胜，先料败，未料进，先料退。”风险想清楚了，收益自动就会出现。风险水平决定合理的回报。市场是有效的，但不是说市场不会错，而是在参与的当下，市场不会让未承担过平均水平风险的投资者获得超过平均水平的收益。跌痛苦，因为受损了；涨痛苦，因为没有涨得更多，这多半是因为没找到属于自己的风险“锚”。

其三，现金流情况。现金流其实决定着前两个因素，要投资多长时间，能承受多少风险。一般说来，一个年轻人可以将资金的 80%或更多投资于高风险高收益产品，如股票，剩下的资金投资低风险产品，如债券。在财富积累的后几年，比如五六十岁的时候，可以把高风险资产降下来。

同样的，对于策略，对于风格，也可作如是观。

那么，这样操作，一定会赚到钱吗？也不一定，但已经走在赚钱的正确道路上了。

为什么呢？因为市场是不可测的。接受市场的波动，是做好投资要过的一道坎。巴菲特说，市场先生是躁狂抑郁症患者，今天可能欣喜若狂，明天就可能消沉沮丧。买基金可以听听约翰·博格的话，均值回归是市场的牛顿第一定律。买基金时，股市整体估值的高低是第一考虑要素。站在一个合理，甚至低估的位置，把时间交给市场，交给基金经理。那么“其庶几乎？”

十年来，好买一直走在优选基金、实战配置的前线。十几位研究员，每年调研近千次，跟踪300多家公司，从中挑选10只基金作为重点配置。书中所涉及的基金有些已经是业内知名的标杆，有些是出道不久已崭露头角的新私募，都是我们一路走来的朋友。相信他们都会走得更远。

为中国投资者提高理财质量，我们一直在努力，是为记。